行 WORLD 旅
蔣竹山 著
行旅者的世界史

# 目次

# 第二部　全球視野下的人與物

## 第三部 「全球轉向」後的歷史新視角

# 導論　長時段的回歸與公眾歷史

## ——近來台灣出版市場的「全球史熱」

### 給大學生的書單

二〇一六年八月份的「聯合新聞網」製作了大學書單系列，其中共有八大主題，分別是：幫助大學生規劃未來、人際相處、跨出舒適圈、掌握世界新趨勢、面對生活挑戰、了解自然科學、了解世界文化、了解社會脈動。每一個主題都列出十本書，由網站收集超過百份問卷中精選而來，不同於專家學者的推薦，改由大學生及應屆畢業生、研究生提出，為新鮮人升大學的準備提供年輕世代的觀點。[1]其中之一的「了解世界文化」這份書單的標題，打著就是「西方憑什麼？更了解世界文化十書」。這標題明顯是借用十本書的其中一本在台灣書市相當暢銷的歷史書《西方憑什麼》。[2]

這位政大中文系的推薦學生是這樣形容伊安．摩里士（Ian Morris）《西方憑什麼》：

一個引戰式的書名，其實是要回答東西方為何有如此分別。問題的答案史學界有兩種答案，一種認為西方天生有優秀的基因，本身就該由西方領先；另一派則說是某個關鍵的歷史時間點才促成西方成功。作者的回答是，兩個都不對——東西方各有領先的時候。作者為歷史學家，但也深諳數理，為發展程度做出「量化指標」，勾勒出自農業革命以後東西方的發展曲線，再配合上史料的佐證，我們會發現都與西方發展歷程是如出一轍的相似。真正造成差異的是地理，雖然是史學作品，但跨領域勢不可少。……並且也認為未來的世界，將由超人類和半機器人主導，到時候造成東西方差異的「地理」因素，也會消失，但人類的發展趨勢卻是差異漸小並趨於統一的，他認為「真正的人類史不是東西史而是全球史」。[3]

這位推薦者很清楚地點出這本書是一本跨領域研究的全球史著作。經過網路媒體的推薦，這本書的曝光度較之前又增加不少。不只在網路媒體上有推薦給大學新鮮人的必讀書單，這書也入選成為臺灣師範大學人文經典閱讀課程中地理學門的指定十本書單的其中一本。為什麼這本書會受到大眾的青睞？可能要放在近來「全球史熱」的現象下來看。

究竟什麼是全球史（Global History）？首先要了解這個研究趨勢的發展脈絡。[4] 事實上，什麼是「全球史」似乎沒有很明確的定義。常會和「國際史」、「跨國史」或「比較史」混用。哈佛大學歷史系教授兼系主任大衛．阿米蒂奇（David Armitage）近來在〈思想史的國際轉向〉一文就說明了這幾個概念的差異：「直到最近，只有高度反省的歷史學家意識到『進化論式的國族歷史主義』已經成為『橫跨全球大部分地區的主流歷史觀』……歷史學界各領域的研究者晚近開始朝向他們各自所謂『國際的』、『跨國的』、『比較的』以及『全球的』研究。學者們各自著力，範圍不同，主題各異、動機也不一，對於這些歷史研究的非國家途徑間的彼此差別也沒有任何界定上的共識。『國際史學家』通常視國際社會的存在為理所當然，但是視角更超越國家疆界，而關心國與國之間的外交、財政、移民和文化關係等。……『全球史學家』處理全球化的歷史與史前史、具普遍性課題的歷史以及關注如大西洋、印度洋和太平洋等次全球區域間的連結。」[5]本文所談的全球視野比較傾向於阿米蒂奇所談的概念，是一種高於或超越民族或民族國家所界定的個別國史，這種歷史書寫可稱之為「國際轉向」或「全球轉向」的發展。[6]

現今的史學走向，全球史有愈來愈受到重視的趨勢。全球史的出版在這十幾年間有逐漸增多的現象。近來《全球史學史》（*A Global History of Modern Historiography*）就已透露了「全球化史學」到來的訊息，這書作者認為冷戰結束後，史學界出現了顯著變化，開始對世界史與全球史有更多的關注。[7]此外，有關全球史的理論與方法的回顧，也反映了當前史學的「全球轉向」（global turn）。所謂的「全球轉向」，特色之一是史學書寫的「空間轉向」（spatial turn），或者說是史學跨越民族國家的疆界，朝著區域、大陸及半球等空間發展。目前歷史學的幾個次學科如社會史、性別史、經濟史、環境史、醫療史、科技史、物質文化史、外交史，以及歷史教學，多少都受到這波「全球轉向」風潮的影響。塞巴斯蒂安·康拉德（Sebastian Conrad）的《全球史的再思考》，對於這樣的趨勢做了相當詳細的討論。[8]

全球史的視野提供史家跨越民族國家的疆界取向，在課題上涉及了分流、合流、跨文化貿易、物種傳播與交流、文化碰撞、帝國主義與殖民、移民與離散社群、疾病與傳染、環境變遷等。全球史的研究取向並未否認民族國家的重要。相反地，它強調透過探索跨越邊界滲透至國家結構的行動者與活動，全球史跨越了國家、地方及區域。全球史不意味著就是要以全球為研究單位，而是該思考如何在既有的研究課題中，帶入全球視野。在研究方法上，可以採取以下幾種模式，例如：(1)描述人類歷史上曾經存在的各種類型的「交往網絡」；(2)論述產生於某個地區的發明創造如何在世界範圍內引起反應；(3)探討不同人群相遇之後，文化影響的相互性；(4)探究「小地方」與「大世界」的關係；(5)地方史全球化；(6)全球範圍的專題比較。在研究課題上，研究者可以透過全球視野，探討以下主題，例如帝國、國際關係、跨國組織、物的流通、公司、人權、離散社群、個人、技術、戰爭、海洋史、性別與種族。相較於中國大陸紛紛設立全球史研究中心、舉辦研討會，反觀台灣，這樣的全球史研究趨勢並未在歷史學界有太多的迴響。有意思的現象是，雖然在學界並未有太多討論，但在民間的出版市場卻相當熱衷出版相關著作，我稱這個現象為「台灣公眾史學的全球史熱」。[9]

近來台灣的公眾歷史書寫市場有三種特色，台灣熱、中國想像與全球史視野。其中又以全球史的著作既反映當代歷史學的研究趨勢，又能兼具傳達給民眾世界觀與歷史意識的公眾史學功用，以下則就幾本較具有代表性的著作進行探討。

## 紅到學院成為經典閱讀課的《西方憑什麼》

如果你要問近期有哪本全球史著作很暢銷，我的答案是伊安．摩里士的《西方憑什麼》。這書在書市很熱門，臺灣師範大學文學院的「人文經典」閱讀曾將此書列為「地理經典導讀」的十本書之一。[10]此外，這書也曾獲選為國家文官學院一〇五年度公務人員專書閱讀指定書單。[11]摩里士在《西方憑什麼》的前言中提到他的角度是「回顧過去幾百年，為什麼西方會是現在世界的主宰？」[12]有關這樣的問題，不是只有他在問，其實早從十九世紀開始就有人問了。他們的問題是「一八〇〇年後為什麼走向都是西方占優勢？」當然這比較的對象是東方，尤其是這近一、兩百年以來的東方。

《西方憑什麼》這本書有它獨特的脈絡及問題意識，所以我們要先了解一下作者為什麼要寫這本書，以及要談的是什麼內容。作者是美國史丹佛大學的歷史學教授，擅長古代史，是一位古典學教授，跟一般我們看到寫大歷史的作者不大一樣。大多數問「西方為什麼占優勢」的學者基本上都是研究近世世界的學者，不管是地理學、歷史學、演化生物學，譬如《槍炮、病菌與鋼鐵》的作者賈德・戴蒙（Jared Diamond）就是演化生物學家。[13]

這個作者是古典學教授，擅長寫古代史，卻喜好探討大問題。一般古代史寫法多是擅長寫短時間的時代，但他一寫就是人類幾千年、幾萬年前的歷史發展，談的時間甚至比《槍炮、病菌與鋼鐵》的時間還要長。這本書是二〇一〇年出版，距離一九九八年中譯的《槍炮、病菌與鋼鐵》有一段時間。其內容多少都會涉及到前述介紹的幾本全球史著作。因而若我們不知道這些作品，會不清楚《西方憑什麼》的重要性在哪？他提出的比較新的論點是什麼？或者是我們在看的時候，哪些東西我們要重新去思考過去的這種命題，為什麼現在會有新的看法？

這本書非常精彩，雖然寫得有點像小說，但都站在歷史學角度去分析，因而這書出版時，戴蒙曾寫過推薦詞幫他背書。本書的特色是從生物學、地理學跟社會學這三個學科談人類大歷史發展的趨勢。他特別擅長的是以「社會趨勢」的新角度探查人類大歷史。書中畫了非常多的趨勢圖，我們很少看到歷史學學者以那麼多的社會趨勢線條和圖表，表現東西方不同時期及時間點的發展特色。

這些趨勢圖有時候看起來是齊頭平等、有時候是東方跑在前面、有時候是西方跑在前面、有時候兩個又同時進入衰敗期、有時候又突然冒出來。透過這些社會趨勢圖表，他強調歷史學不該只看到過去，他把歷史學的地位又拉到另外的層次，他讓你看到歷史學可以講法則、可以講未來可能是什麼。所以我們看到他從第十二章開始，告訴我們不要小看歷史學家，一堆學者坐在一起在討論地球未來走向的時候，歷史學家還是可以插上話的，甚至可以根據過去的發展趨勢，建立出一些法則，這個法則可以讓我們看到未來地球的樣子。[14]

這本書內容分三大部分，中間一大部分其實可以跳過不讀。要認識這本書先要了解中譯本的特色。中文翻譯本和英文本原著明顯不同，這也是雅言出版社非常擅長的操作方式。這出版社曾出過《正義》、《世界是平的》，很少台灣的出版社像他們一樣，一年大概只出一本書。台灣出版社大概兩千多家，成立出版社的門檻很低，但出書的速度非常快，因為要以書養書，一個出版社每個月基本上要出一本書，一年做十二本書，有時可能只有一本書有銷路，靠那本書就可以打平其他書的虧本。台灣有百分之八十的書賣不到一千本，所以一年出三萬多種書，若和台灣的人口數相較，這個數量相當驚人。只要去書店看看平台上的書，我們會發現一本書的生命大概就是兩個禮拜，甚至有些書擺不到平台上。少數暢銷的都是特例，像是二〇一五年有本繪圖書《秘密花園》賣得很好，光是台灣就賣了至少五十萬冊。《西方憑什麼》也算暢銷書，讀者反應不錯，常出現在網路書店百大排行榜上。

上述提到這本書的翻譯跟英文本有出入，指的是英文標題跟中文的有落差。中文本以比較聳動吸睛的方式去呈現，例如「西方憑什麼？」；此外，出版社會將正文裡整理出來的一些重要句子，當作各章大標題下的提示內容。所以我們若對照一下中英目次部分就可以發現，這是出版社編輯的想法。

這本書要談什麼問題？我們得先了解伊安．摩里士問了什麼問題，才能知道整本書要解決什麼。這是歷史學家比較擅長的，在這樣的長時段歷史裡，要問出什麼跟過去學者不大一樣的問題，首先就必須了解過去用什麼樣的觀點去談「西方為什麼在近百年來都處於優勢」。

關於過去的論點，《西方憑什麼》以「古早決定論」、「一時碰巧論」來討論，這名稱是翻譯的意思，編輯可能覺得這樣讀者會比較好記。「古早決定論」學者認為西方占優勢是在古早時候就決定了，而這個優勢來自於地理、文化、社會、氣候優勢等等，甚至政治上的優勢。[15]「一時碰巧論」講的是一八〇〇年之後，西方出現了影響未來的工業革命，而這個工業革命是偶然出現的，剛好撿到上天掉下來的「人力」、「煤礦」兩個大禮物，撿到這兩個禮物而造成的工業革命，才使得西方發展遠遠超過東方。[16]

這兩派是伊安．摩里士在討論這個問題時的切入焦點。當我們讀完本書，會發現他就是在挑戰這兩派，但是他又不說這兩派完全錯。他把這兩派綜合起來，不能說古早，也不能說近代才出現，要把它當作是更長的時間，不能只看幾千年，是看幾萬年。所以我們在讀這個故事的時候，會看到他一開始就從遠古時期人種的演化過程如何從非洲擴散到其他地方。他談的時間非常長，跟過去學界不大一樣。

這是一種綜合的提問法，作者讓我們先了解所謂的「古早決定論」的特點。這派的學者較擅長的是從氣候、地形、天然資源、文化、政治、宗教的角度看歷史，談的時間從一萬五千年前到一千年前的中世紀甚至幾百年前，這裡有各種代表人物，他書裡提到的人和概念大概是這些：馬克思的「政治才是西方勝出的關鍵」；[17]藍迪斯的《新國富論》提到「疾病和人口是歐洲勝出的兩大因素」。[18]跟東方做比較時，中國在盛清時，人口從一億到三、四億，到底人口急速成長背後的關鍵是什麼？大家知道盛清時有大量美洲作物傳到中國，這養活了中國的大批人口，這樣穩定的發展是有利於清朝的中央集權，這派的學者認為，因為中國中央集權穩定地發展，所以不像西方會往海上發展。戴蒙《槍炮、病菌與鋼鐵》也是這派學者。[19]

另一派是「一時碰巧論」，這派學者認為是偶然性的因素，不是長時間發展及西方早就是這樣，而是一八〇〇年之後工業革命的偶然性因素，這派代表性學者是彭慕蘭（Kenneth Pomeranz）。很少有研究明清中國歷史的美國歷史學者能當上整個美國歷史學會會長，彭慕蘭於二〇一四年時就獲得這項殊榮。他於二〇〇〇年出版的《大分流：中國、歐洲與現代世界經濟的形成》曾獲得國際大獎，這本書挑戰過去華勒斯坦或其他講社會體系學者的觀點，是後來所有研究近代世界形成過程，不管是研究經濟、政治及國際關係，都會徵引的一本書。[20]

彭慕蘭的專長是經濟史，他不採過往的大範圍的比較，譬如中國和整個歐洲或整個英國的比較做法；而是比較一八〇〇年前的中國和英格蘭。他比較中國江南和英格蘭的生產關係、商業發展模式及經濟數字時，發現在這之前其實東西方是差不多水準的發展。那為何之後西方會崛起？這是因為偶然性的因素，有兩個原因：一是美洲新大陸的開發與非洲人力的運用，二是英國煤礦的發現。中國很早就有煤礦了，譬如書中提到宋代人口非常多，甚至可能發展出像資本主義一樣的模式。歐洲會有突飛猛進的發展是在這時間點，所以稱作「大分流」，工業革命之前東西方是走在同樣道路，但之後的發展曲線就不一樣。他在第三章裡面畫了非常多社會數據圖，我們在看的時候要了解他的數據怎麼估計出來的，他有一些推論的基礎，但又不像統計學那麼仔細。

就伊安．摩里士而言，這兩派論點是後來在談這問題時的兩大方向。當他提出「西方憑什麼」問題時，書中的社會進程的圖表就是他整本書的關鍵。他先測量出社會發展的趨勢，畫出趨勢圖（畫趨勢圖的時候不能看史前也不能看近代），然後把兩派的學說都融合在一起，並提出自己的分析觀點。他在談不同時期的歷史做對照時，會用趨勢圖的曲線讓大家看到變化。他引導我們在看待這個問題時要跳脫「要從很久以前就比較」還是「要從近代來看這個問題」的二分法觀點。

例如第十二章，作者認為這種社會的發展趨勢，若從地理、生物、社會的角度去看，這三個角度在某個時期內都有它擅長或推動的力量。有時是生物學先占優勢，然後社會學進來，然後地理學可能是主宰東西的關鍵，有時候社會的發展趨勢裡面又跑到前面。所以到了十二章，會看到它變成是講通則、法則，甚至預估以後的發展。譬如他提到西元二〇〇〇年到二〇五〇年社會趨勢的發展，這可能超過我們過去一萬五千年這麼長時間發展的五十倍。[21]就他來說，未來的發展可能不是在問「西方憑什麼」（或東方），而是把地球當成整體，可能跑出一些偶然性的東西，而這東西可能就是關鍵性的斷裂。書裡面講到很多未來學或天文學家的觀測，偶然性的因素就譬如一顆彗星過來就不用分東西方了，所有發展就跟遠古時代某顆流星掉到美洲大陸，使發展曲線往下掉一樣，他覺得這幾十年的變化非常關鍵。

全書架構分三部分，讀者集中看一、三部分即可，中間部分過於強調比較誰勝誰衰，內容冗長，也沒提出具體結論。第一部分提到他為什麼問這個問題，處理基本問題，第二部分開始比較東西方，誰領先？怎麼平行？誰又落後，名次掉下去？第三部分「比到現在又怎樣」，他認為我們應該透過過去的經驗，建立通則、法則，看出未來會成為什麼。他還提到我們常會因為是生物學或社會學法則的影響而做決定，有時候又是地理學的差異所影響的，有時候又不是單一因素，是各個因素交替的，所以不管是「古早決定論」或「一時碰巧論」，都不是我們看這問題的唯一選擇。

他還提出未來可能性的發展，他的總結是，我們在看歷史發展這個問題時是有法則的。這跟過去不大一樣，過去的歷史學怕講法則，因為我們不是社會學家或未來學家，也不像自然科學有規則或模式可以看出趨勢，但對他而言，歷史是有法則且可以遵循，甚至預測未來的。他把歷史學家的地位提到非常高，提出兩個專有名詞「發展弔詭法」、「後發優勢法」。這兩種法則常在交互運作，有時會讓歷史往前跑，有時候又會造成斷裂讓我們往回走，他覺得這兩股力量還在往前跑。

但他覺得最大問題不是問西方有沒有辦法主宰，而是問人類能否開創新的局面？這個新的局面又是什麼？這不再是東西方的問題，而可能是工業革命後另一波的科學革命，這個科學革命譬如人工智慧帶來的新發展，可能甚至反撲我們人類原本的發展趨勢，所以他覺得有時候可能是新的災難，而我們如果沒有新的應對方式，可能就像過去歷史經歷的「發展弔詭法」，某種偶然性的因素就改變歷史的面貌，這有點像盧貝松的電影《露西》，裡面提到人類的大腦是還能開發的，現在只開發了百分之二十多，假設開發到超過百分之五十可能會怎樣？當然偶然性的因素的災難也可能不只是電腦科技的災難，也可能是來自外太空，這些災難對身為歷史學家的他來講好像是可以預測、可以讓我們去看到未來我們碰到該怎麼解決。

講到最後，這時代我們看歷史，有時候已經不是用「古早決定論」或是「一八〇〇年後天上掉下來的禮物」的說法，過去常常會有東西方的優劣比較，回到這本書的最後，書中告訴我們，在我們這個時代不能這樣問問題，而且問了這樣的問題又怎樣，我們所面臨到的問題可能更複雜、不可預測，但我們仍要保有核心的概念，也就是說，在我們這時代看問題時，已經打破過去比較中的「邊緣／中心」概念，那條線不是那麼一刀兩斷，有時候是流動的，邊緣有可能變成中心，有些東西看起來很邊緣，但其實是影響其他世界局勢的發展。我們在看這些書時，你會發現這些大的命題大概也都會有這樣的走向，打破「邊緣／中心」概念後，你會有新的看法，這是我們這時代讀這些著作時需要注意的，或說是閱讀時可以去關注、切入的角度。這個問題不是十九世紀那些學派在爭議的焦點，而是更切合我們所處的當代所需要回應的，整個地球之後的發展，不能只看東方或西方，而是一個整體。

## 公務員也要看的全球史

近來另外一本和《西方憑什麼》同獲好評的全球史著作是《人類大歷史》，也曾獲選為國家文官學院一〇四年度公務人員專書閱讀指定書單。[22]

為什麼會挑《人類大歷史》為公務員的年度閱讀之一，這則要從近來的全球史出版光譜來探討。近年來台灣的歷史出版市場上有一種書相當暢銷，那就是全球史的著作，從一張圖我們可以知道這類書主題大概可分為四種，這張圖讓我們了解台灣這十幾年出版全球史著作的趨勢：環境與歷史、帝國、物的交流及大歷史／比較史。[23]

若仔細來看，以環境及地理的角度探討歷史的關鍵發展為全球史開創了相當輝煌的成績。右上角區塊這些書都是從環境地理的角度切入去提出大問題。這股風潮的興起與賈德．戴蒙的《槍炮、病菌與鋼鐵》於一九九八年被引進到台灣有關。戴蒙這書或許是繼《別鬧了，費曼先生》之後，最暢銷的一本科普書，至今再刷了有超過九十次之多。

帝國的研究一直是歷史學家關心的焦點，近來的研究則跳脫以往的歐洲帝國為核心

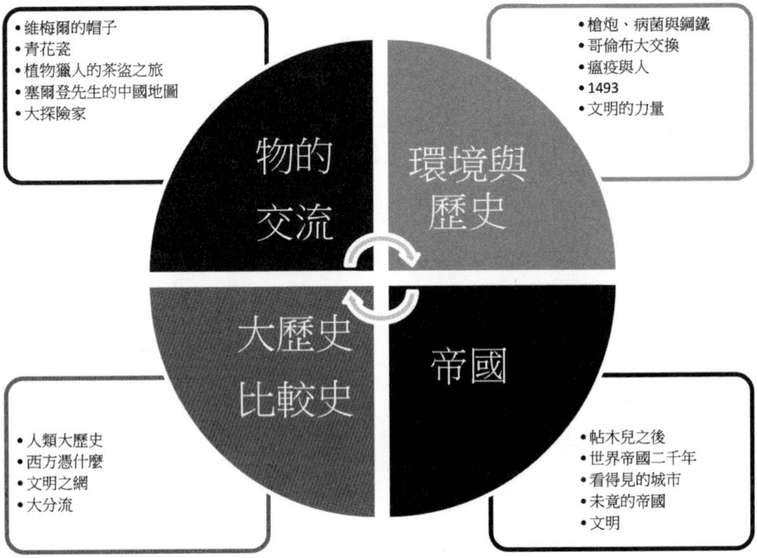


的看法，轉移焦點至亞洲大陸，其中《帖木兒之後》最為著名。這裡頭有些談帝國，認為人類文明裡，會影響人類發展的最常見的政治單位，不是國家而是帝國。像蔡英文總統的書單內就有《帖木兒之後》，這書在談一四〇〇至二〇〇〇年歐亞帝國的發展，過往學者都談歐洲帝國的發展，他則將焦點放在帖木兒蒙元帝國統治之後的走向，這是非常特別的切入地方。

另外一個比較有意思的是「物的交流」，物的交流可能是這四個主題中最容易接觸且最好說故事的，像是卜正民（Timothy Brook）的《維梅爾的帽子》，已經成為許多高中老師推薦學生閱讀課外書的重要著作。此外，這類書可讀性比較高，《維梅爾的帽子》、《青花瓷》、《植物獵人的茶盜之旅》，這些書透過物來講歷史、故事，不只是動物、植物，還有商品的交流。為什麼地理大發現後，西方一直要到亞洲來？這背後是有商業動力，許多消耗品、精緻貴重的東西都來自亞洲，十七世紀全球貿易的形成，仰賴亞洲提供商品。最後一項左下角的大歷史及比較史，則將歷史的時間更往前推，探討星球的歷史或者是東西文明的比較。

## 全球史熱的源頭：《槍炮、病菌與鋼鐵》

我前些年演講及大學推甄接觸高中生的經驗，問他們高中讀過什麼歷史課外讀物，早先幾年都是回答黃仁宇的「大歷史」著作《萬曆十五年》，再來就是回答《槍炮、病菌與鋼鐵》。這書會成為高中生的答題口袋名單，多少與高中老師的推薦及人社營的活動有關。

近二十年來，台灣閱讀民眾最熟知的一位科普作家就是《槍炮、病菌與鋼鐵》的作者賈德·戴蒙。這多少要歸功於這書的翻譯王道還。他不僅是翻譯者，同時也是引介這書到台灣出版的重要推手。由於翻譯者本身就是演化及考古人類學這方面的專家，因此常在外宣傳此書及舉辦各種針對高中生的演講。《槍炮、病菌與鋼鐵》自翻譯到台灣至今，已二十多年，二〇一九年時報文化還出了二十五週年紀念版。這書是一本長銷書，一直在人文與社科書籍的排行榜上。

《槍炮、病菌與鋼鐵》這本書的主題對台灣讀者來說並不陌生，但觀點並不容易明白。我常透過演講或推甄場合問高中生這本書的主旨在說什麼，一般學生的回答大多是就字面上來解釋說「槍炮、病菌與鋼鐵對文明的影響是什麼」。若進一步問這本書最重要的論點是什麼？學生通常答不出。

《槍炮、病菌與鋼鐵》的主要論點提出由於美洲大陸的南北向跟歐亞大陸的東西向的不同，因而影響到後來物種的交流與傳布。這書導論非常精彩，針對十九世紀提出的各種觀點做出評論，並告訴我們該怎麼問問題。[24]這本書也受到《哥倫布大交換》的影響，並嘗試寫出各種解答，就我來看，最大的命題是掌握南北走向和東西走向的差異會影響疾病或家畜等的傳播狀況，像美洲大陸就沒有大型哺乳類動物。類似的故事在電影

《神鬼獵人》中也有，因為原住民沒有馬，所以他們願意獵捕海狸皮去跟歐洲人交換馬匹。因為美洲大陸只有野牛，所以「有沒有可馴化的動物」在那本書裡是一個非常關鍵的問題。[25]

然而，《槍炮、病菌與鋼鐵》並非具有原創性的作品，在他之前就已經有類似著作探討相關議題。這之中有本書相當重要，那就是克羅斯比（Alfred W. Crosby）於一九七〇年代寫的《哥倫布大交換：一四九二年以後的生物影響和文化衝擊》。本書於一九七〇年代出版之後影響到日後史家的寫作。當我們在談西方世界對近代世界的影響時，我們談的是物質文明西方科技等，克羅斯比則改寫了這樣的觀念。過去我們常談的是物質的影響，較少談物種的影響，這本書就談到生物的影響和文化衝擊。這在七〇年代，學界無法接受，也沒有一家出版社有意願出版，相隔好幾年，才開始受到重視。

不管是《槍炮、病菌與鋼鐵》、《一四九三：物種大交換丈量的世界史》，[26]還是《西方憑什麼》，都是從環境物種交流的角度去看問題，可以說是環境或地理決定論。摩里士認為環境決定論或制度決定論雙方的爭論都只是談近代，應該把歷史看成整體，要看更長的時間，所以他跳過這兩派的爭論。《哥倫布大交換》的重要性則在於它影響了後來研究的書寫方向。當時間拉回到一九七〇年代，那時主流看法認為哥倫布到美洲，因為船堅炮利才得以統治美洲大陸。但一九七二年時，這位地理學者克羅斯比就認為物種的交流較物質文明影響更大。

若從出版脈絡來看，《哥倫布大交換》這書出來後影響到日後幾本書，像是：《瘟疫與人》（一九七七）、《槍炮、病菌與鋼鐵》（一九九五）、《一四九三》（二〇一一）。這些物種交流觀念的普及，從教科書就可看出，我們現在高中的教科書多少會提到這樣的觀點，例如明代中後期菸草、馬鈴薯傳到中國後造成什麼樣的影響。近年的大學指考歷史科試題就有題目跟菸草有關，問考生哪一種作物在十六、十七世紀時從歐洲經過東南亞傳到中國，剛傳入時曾被皇帝認為這東西會危害人民健康，影響到經濟作物等。

《哥倫布大交換》的作者克羅斯比擅長地理學和歷史學，他的第一本著作出版於一九六五年，成名作是一九七二年的《哥倫布大交換》，後來一九八六年又寫了一本《生態帝國主義》。他從物種交換的角度看西方帝國推動向外發展的過程中，造成影響的不是物質文明，而是生態的改變。譬如歐洲在拓展大量種植園時是如何推展某種作物，這作物會影響到一地的生態。克羅斯比的《生態帝國主義》比《哥倫布大交換》更加強調「同種新世」的概念。這個概念認為單一物種和多元物種是有所差別，在地人拚不過帝國主義者大量栽培的某種作物。這想法是我們過去在探討帝國主義時所忽略的，因而被稱為「生態帝國主義」。

然而，這種從環境及地理的角度探討近代世界形成過程的觀點，也並非完全為學界接受，仍有一些經濟及制度史家反對這種論調。他們則從財富、資本主義、政治制度、槍炮科技來看問題，這裡面以經濟學家占優勢。二〇一六年蔡英文總統的閱讀書單中有本《國家為什麼會失敗》，就是這類型的兩位經濟學家寫的書。書中導論直接挑戰戴蒙的說法，覺得過去這種大問題都是環境決定論占優勢，但經濟學家並不這樣認為。他們在《國家為什麼會失敗》序言中直接說「笨蛋，關鍵在制度」，明顯在挑戰戴蒙的看法。[27]此外，英國著名公眾史家尼爾．弗格森（Niall Ferguson）則是從文明制度的角度去談的英國重要的歷史學家。這些專家所提出的論點，跟環境地理完全不同。他們關注的焦點是競爭、科學財產權、工作倫理、消費社會。從這些制度面去看，會發現這是西方占優勢的關鍵。

## 克羅斯比沒說的故事：《一四九三：物種大交換丈量的世界史》

查爾斯．曼恩（Charles C. Mann）的《一四九三》延續了上述幾本全球史的論述方式，繼續追蹤十六世紀以來物種大交換的故事。這本書約六百多頁，相當厚重，他主要在回應一九七二年克羅斯比的著作《哥倫布大交換》，其實關懷的重點很類似，只是書寫角度不大一樣。我個人比較喜歡《一四九三》這本書，他的導論從他後院的番茄開始，身為科普記者的他有一天跑去問克羅斯比怎麼不繼續做相關的研究，克羅斯比說「我現在沒興趣，不如你來寫」，結果他真的就持續去研究。這也是西方記者厲害的地方，蒐集資料與書寫能力相當好。即使他不是歷史學家，但靠著綜合前人研究並透過自己的寫作功力打造出一本暢銷書。這本書知識點很多，有各種細節的故事，及人名、地名、物種。作者的確講了新的物種大交換的故事，而且大量增補了當時中國與世界白銀流通的故事。

《一四九三》特別提出「同種新世」的概念，首章說的美洲菸草，就是「風中奇緣」的故事。儘管這故事有些地方是虛構的，但可以看到早期英國人移民美洲時如何在北美詹姆斯鎮大量種植菸草。當移民者大量種植同一種作物時，原本多元的物種會被單一物種取代，使得原住民種植的方式無法面臨這樣大量種植的挑戰。[28]

除了物的交流，這書還特別談「人」的交流，這是過去的學者較少提到的部分。這章很重要，在近代世界形成過程內，為什麼我們現在會看到南美洲有非常多地方出現黑人？他們什麼時候到這些地方？這些原住民很多都來自非洲的移民，被當成奴隸運過去。一般我們想像中的奴隸是非洲人被綁架後帶到美洲大陸；但如果回到當時的情境，我們會看到叢林內各部落常在互相爭鬥，有時候也會因為戰爭而變成別族的俘虜，電影《阿波卡獵逃》基本就是在講這樣的故事。但對非洲來講，他們之間最重要的財產就是這些奴隸，跟歐洲人的財產觀念不大一樣。這種奴隸形成的觀念並非是歐洲人帶過去，當然歐洲那種買賣的觀念也有，只是到十九世紀時，關於奴隸買賣的問題開始受到重視，例如英國開始禁止，像是《勇者無懼》（*Amistad*）這部電影內就有提到奴隸買賣途中，遇到脫逃或喋血事件，然後被英國船艦發現帶到美國去進行審判，以釐清奴隸這財產屬於誰。

## 從物來說全球史：《維梅爾的帽子》

除了上述從環境的角度來談全球史外，近年來書市另外一類全球史暢銷書就是物的全球史，代表的例子是《維梅爾的帽子》。我常跟學生說，不要只讀《萬曆十五年》、《槍炮、病菌與鋼鐵》，《維梅爾的帽子》就很通俗易懂。他的特點是透過物的故事，讓我們更加看到時代的變化。整體來看，這本書文筆流暢，作者卜正民用了七張圖就講了十七世紀全球貿易的故事。以台灣學生的角度來看，過去最會講故事的是史景遷（Jonathan D. Spence），不過史景遷大多講人物，卜正民則是把明清史放在世界史的脈絡，並強調用圖像講歷史，圖像是切入的窗口。他透過十七世紀荷蘭代表性的畫家維梅爾，以他的畫作來看這樣的時代的物的交流。譬如荷蘭在十七世紀時，透過荷蘭東印度公司跟整個亞洲有密切的互動。

他後來又出了一本書《塞爾登先生的中國地圖》，透過一張地圖來講故事。這大概是近期歷史學界最為關注的一張地圖，二〇〇八年在牛津大學圖書館發現了這一張消失了四百年的地圖。大家在爭論這張南中國海的地圖是什麼時候畫的？什麼人畫的？為什麼畫？這本書是卜正民繼《維梅爾的帽子》後，透過圖像來講歷史，更上一層樓的說故事的方式，透過一張地圖看到十七世紀亞洲跟歐洲國家交流的方式是什麼。

這書有點像推理小說，裡面不斷地在破解這張地圖的密碼。由於故事細節太多，又過多推理假設，讀起來沒有《維梅爾的帽子》那麼流暢。像是十七世紀時，這地圖是怎麼流傳到一個歐洲國際公法的學者手上，在他死後捐給圖書館，擺了幾百年沒有人注意，直到二〇〇八年有位美國學者去英國做研究，找書時才發現旁邊附了一張從沒有人注意過的地圖，而發現過去這張地圖。但這張地圖上面記載了過去的地圖繪製方式、不一樣的南中國海，是非常精確的一張地圖，精確到現在使用 Google Map 去套底的話，會發現跟現今南中國海的位置一樣。

## 全球史書寫與當代世界公民的歷史意識建構

史家約瑪．卡萊拉（Jorma Kalela）曾在《公眾史學評論》（*Public History Review*）探討了當代史家製作歷史的新管道，文章開頭引用海登．懷特（Hayden White）的一句話相當引人深思：「沒有人擁有過去，也沒有人可以壟斷如何研究過去，或者是如何研究過去與現今的聯繫……今日，每個人都是歷史學家。」在這個人人都是史家的年代，歷史已成為商品，歷史消費者可以透過物質媒介接觸歷史。大眾不僅可以透過學院史家掌握歷史知識，也可以藉由大眾文化發展趨勢下的虛擬轉向（virtual turn）與視覺轉向（visual turn）接觸歷史及發展他們自己的敘事、故事及歷史經驗，這種趨勢在英國尤為明顯。講到英國的公眾史學發展，就不得不提到近年來的一本新著 *Consuming History: Historians and Heritage in Contemporary Popular Culture*（《消費歷史》）。作者是英國曼徹斯特大學歷史教授葛魯特（Jerome de Groot），他認為英國的公眾史學近來有種新趨勢，即是歷史在商品化之後，有愈來愈多的人有如獲得某種權力，得以更方便地接觸過去，論述過去，建立自己的歷史。

透過思索各種文化形式與實踐，《消費歷史》分析有關歷史消費的變化是什麼？特別是，影響新科技的、不同經驗與歷史論爭的是什麼？並探討歷史是如何被消費、理解與被販售？一個社會如何、為何及何時「消費歷史」？什麼是將歷史看作是一個產品的意涵？非專業媒體（電視、戲劇、電影與網路）如何影響與協助建構文化記憶？改編成小說的歷史——過去被視為是文化生產——如何影響大眾想像？電視、數位、媒體、Web 2.0等科技是如何改變大眾對歷史的感知與理解？《消費歷史》嘗試提出這些問題，並認為英國的大眾接觸歷史正面臨過去十五年來最大的變革。其中，有兩件事一直未受到學院史家的重視。一是，從實境電視到大眾史書、Web 2.0，這些使得個人表面看起來似乎感知上與物質上圍繞著歷史專業，實際上卻以更直接的時尚方式與過去接觸。其次是歷史逐漸地流行，成為一種文化、社會與經濟的修辭與類型。

非學院或非專業歷史——所定義的公眾史學——是種複雜的、動態的現象。然而，與過往接觸有關的新的方式的含意，尚未徹底地探討，這也使得公眾史學逐漸地受專業史家所注意。這常因為是專業史家不重視各種通俗歷史，這從對大眾的批判與強調上下層對立二分的模式批判可以看出。專業史家偏向以理論來討論歷史的角色與本質，以至於公眾史家以及通俗媒介對歷史的理解，長期來一直處於邊緣位置。專業史家對公眾史學批評的聲浪從未間斷，像是帕特里克．喬伊斯（Patrick Joyce）就宣稱：「歷史不是商品，史家必須對抗群眾的市場力量、資本市場。」他還提到，學院史學協助形塑大眾的歷史意識，並且幫助保護大眾免於消費者社會的威脅。對於喬伊斯的憂慮，葛魯特的回應是，歷史已經成為商品，與史家的行動無關，而了解互通與消費的過程，在當代正在進行與過往接觸的普及，將提供我們對這種現象有更細微的感知。如果史家要保護大眾的歷史意識，他們首先就必須要了解群眾是如何被告知且擁有歷史資源的。

葛魯特舉出英國公眾史學發展的例子有：公眾史家、公眾史的出版、地方史、金屬探測、古董、系譜學、業餘歷史愛好者、數位歷史、歷史扮裝、歷史遊戲、歷史實境秀、歷史電視、歷史電影、歷史小說與歷史劇。近來台灣的民眾接觸歷史的管道雖不像英國這樣多元，但有些趨勢也相當類似。例如英國的公眾史家當道的現象，台灣也有，台灣史出版這方面比較明顯，像是陳柔縉；而從學院跨足公眾史市場的也不少，像是駱芬美、張素玢、蔣竹山。英國的視覺轉向及數位轉向，台灣也看得到，例如前些年由電影《海角七號》所掀起的台灣熱；透過遊戲認識台灣的歷史桌遊《走過台灣》及《翻轉大稻埕》；讓民眾更容易接觸歷史的平台「故事」及「說書」網站；以趣味詼諧方式說歷史的影像台灣史「臺灣吧」；以及紅極一時並改編成賣座電影的歷史電玩遊戲《返校》。

上述有關英國公眾史學發展的論述，有助於我們理解當前台灣的全球史熱。前面提到的這幾本全球史著作，在學院裡頭並未引起太大的迴響，至今所見，似乎也只有東華大學的大眾史學中心曾在二〇一四年的東華大學讀字節活動時舉辦過「閱讀《一四九三》工作坊」；[29]但這類書卻在民間有相當不少的讀者群。為什麼在這個時代，民眾會特別對全球史感到興趣？近來有學者就特別強調全球史所具有很強的公民教育的功能。例如北京大學錢乘旦教授在一場新書座談會上，就提到：「全球史的書寫，包括我個人這些年倡導跨國史的書寫，還具有很強的公民教育的功能。歷史學的重要功能就是公民教育。我們民族國家歷史書寫過於強調國家的成就、輝煌與貢獻，國家歷史上的一些比如陰暗面，一些失敗，一些錯誤，往往避而不談，也往往忽視外來因素對國家歷史演進的貢獻。」但全球史卻翻轉了過往民族國家史觀的部分缺點，特別強調人類相互依賴，人與人的互動合作以及人類的共同命運，這有助於破除狹隘的民族主義思潮，培養一種具有世界歷史觀的公民。[30]

此外，近來一本相當受到歐美學界矚目的新書《歷史學宣言》也揭示了全球史書寫與建構當代世界公民的歷史意識的關係。[31]這本書之所以重要，就如同史家伊格爾斯（Georg Iggers）所言：「該書力圖讓歷史與廣大公眾密切相關，擺脫長久統治專業史學的狹隘專業化取向，轉而以長時段的視角把歷史、當前與未來連成一個密不可分的整體。」[32]或者如恰克拉巴帝（Dipesh Chakrabarty）所說：「大歷史和深度史被認為是史學家回應大眾對未來關切的方法與理路……史家的未來在於史學家是否有能力塑造和引導公眾話語，這無異對同行史學家發出一聲令人振奮的出征號令。」[33]

的確，這本書點出了這個時代「長時段的回歸」為什麼重要？又為什麼能彌補過往文化史階段的微觀與破碎化的問題。該書作者大衛・阿米蒂奇認為，有段時間史家整體甚少對未來進行任何思考，與當時正紅的微觀史相較，長時段的歷史幾乎不算是一門學科。更不用說，歷史老師也很少讓學生去研讀，幾乎不屑談論，更無人仿效。雖然有段時間微觀史著作豐富了我們對農民生活的理解，或是公開地或是私密地了解人們心裡的想法，又或認識到人類經驗的建構性特徵。但在書寫微觀史的同時，史家卻拋棄了以往史學的道德批判特性。[34]正是這種關懷，讓全球史較以往的文化史更關注公共領域。

有鑑於此，《歷史學宣言》特別呼籲當下的歷史作品應當特別關注長時段的歷史。這些主題應該帶有道德蘊涵，包括應對全球暖化對人類經濟的影響，將民眾的生活經歷納入到政策制訂的範疇之內，並要求史家在選定課題時就考慮到全部的人類經驗，及面向盡可能的廣大受眾，這些包括了環境問題、治理問題、資本主義問題與剝削問題。[35]

在這樣的考量下，我們近來看到的全球史著作，基本上較過往著作，更能讓公眾了解到人類的發展與地球之間的長時段關聯，尤其有關大氣環境、脆弱的生態系統及逐漸緊缺的自然資源。該書作者還提到，同等重要的是，我們還需要讓公眾了解，圍繞資本主義如何面對正義與不公的問題。[36]

## 當代公民的世界史觀

近來德國的歷史教育的例子也能說明如何透過世界歷史觀的培養作為全球化挑戰的一種回應。庫恩（Barbel Kuhn）提到，在近來德國的課程標準中提及了世界史的方法。人們強調了在歷史教育中對世界史的訴求，不能僅僅作為歷史教育的一個主題，而是必須被當作是一種視角的深化和轉移。在歷史教育的過程中，學生應當認識到歷史是一個過程，生活在不同區域的人們的觀念和知識不斷累積。不同區域之間的接觸不僅僅以衝突的形式發生，也可以透過和平的方式進行。[37]庫恩認為，透過增添不同的視角，在跨國、跨文化與跨洲際規模上對比歷史觀點，能對多元文化的尊重與對差異的認同。

透過認識不同時代與不同歷史情境，大眾將有機會以全新的方式看待自己生活的世界，並把其他文化視為一種合理合法的類型加以尊重。[38]

國際歷史教育協會（ISHD）就曾在二〇一一年於上海召開「一九四五年以來世界史的呈現：亞洲與德國／歐洲教科書敘事特點的比較」國際研討會，邀請了中國、韓國與德國的歷史教育研究學者，探討全球化的影響下，歷史教學在總體上，尤其是世界史教學上如何面臨新的挑戰。其目標在使本國史與全球性歷史視角達成新的平衡，並促使年輕一代理解本國歷史與民族文化，同時推動他們把自身融入到世界史與人類史的總體之中。[39]

前述大衛．阿米蒂奇「長時段的回歸」的論點，似乎揭露了一個新的史學時代的到來，暗示大歷史與全球史更符合當前的世界公民的需求。作為一位世界公民，我們必須跳脫傳統的民族國家史觀，將自身的歷史放在世界史的脈絡下來看待。雖然這樣的趨勢在台灣的學院裡尚未形成風潮，卻已在民間的史學出版上，看出這類歷史書寫的時代特性。從《槍炮、病菌與鋼鐵》到《西方憑什麼》及《人類大歷史》的長銷，在在都說明了全球史書寫與公眾歷史的密切關聯。

我這十年來對於人文社會科學出版的觀察，除了延續以往的新文化史課題外，探究最深的就屬全球史與公眾史學。如何將這兩個領域予以結合，是我努力的方向，本書就是其中成果之一。

本書的書名為《行旅者的世界史》，主要是將我十年來所寫的新書導讀、書評與推薦序言，挑了二十篇進行微調。書名之所以取名為《行旅者的世界史》，主要靈感來自於我多年前接受「說書」網站的邀請，開了一個同名專欄，專門介紹新書，當時範圍不限於是全球史。多年後，我有關這方面的全球史書寫，已經累積了一定篇數，超過十多萬字。

這二十篇文章有長有短，長的一、兩萬字，短的一千多左右。因為是長時間的寫作且持續關注全球史，所以有些前後文會有關聯。此外，有些書我會在不同篇章一再提到，即表示這些書都相當經典且長銷。

全書為了要區隔一些書寫特性，大致共分為三部分：第一「全球視野與全球史觀」、第二「全球視野下的人與物」、第三「『全球轉向』後的歷史新視角」，分別從全球史觀、人與物、歷史新視角三個主題來分類。原則上每一篇文章都會介紹一本新書，有幾篇比較屬於研究討論，裡面有大量書訊，對於研究趨勢的理解較有幫助。由於各篇主題獨立，讀者在閱讀時，不需從頭翻到尾，可以任選一篇進入全球史的閱讀世界。整本書的結尾，則有個時報編輯相當細心所整理好的延伸閱讀書目，也相當值得有興趣的朋友找來參考運用。

## 注釋

1 《聯合新聞網》，二〇一六／八／二十。

2 伊安・摩里士著，潘勛等譯，《西方憑什麼》（台北：雅言文化，二〇一五）。

3 《聯合新聞網》，二〇一六／八／二十。

4 若從全球史的學術發展史來看，這名詞直到一九九〇年代以後才較為普遍。這十多年來，歐美史學界有關全球史的理論與方法的著作逐年增加。二〇〇六年之後則有霍普金斯編的《全球史：世界與地方間的交流》（*Global History: Interactions Between the Universal and the Local*, 2006）；吉爾斯（Barry K. Gills）和湯普森（William R. Thompson）合編的《全球化與全球史》（*Globalization and Global History*, 2006）；馬茲利什的《新全球史》（*The New Global History*, 2006）；柯嬌燕（Pamela Kyle Crossley）的《書寫大歷史：閱讀全球的第一堂課》（*What is*

*Global History?*, 2008）；史登斯（Peter N. Stearns）的《世界史中的全球化》（*Globalization in World History*, 2010）；最近一本是薩克森麥爾（Dominic Sachsenmaier）的《全球視野下的全球史》（*Global Perspectives on Global History: Theories and Approaches in a Connected World*, 2011）。

5 David Armitage，《思想史》，二〇一三：二一五。

6 全球史有個特色就是關注重點不再只是在歐美，而將視角轉向亞洲或是中國，例如著名史家彭慕蘭的《大分流》。

事實上，當前的全球史研究已經注意到亞洲史、中國史的研究成果，像是歐陽泰的全球史著作《決戰熱蘭遮》與《火藥時代》就特別強調近年來華人學者的著作的重要，皆已改寫我們對近世世界形成的認識，例如孫來臣的軍事史研究。

7 冷戰之後的歷史書寫有以下幾點的變化：(1)文化轉向及語言學轉向導致了所謂的「新文化史」的興起；(2)婦女史與性別史的持續擴大；(3)在後現代主義批判的基礎上，歷史研究和社會科學建立起新的聯盟；(4)對國別史研究的挑戰；(5)世界史與全球史的興起。這五個研究方向的轉變，其中，又以新文化史及全球史的影響最為顯著。格奧爾格．伊格爾斯、王晴佳著，楊豫譯，《全球史學史》（北京：北京大學出版社，二〇一一）。

8 康拉德是柏林自由大學（Free University）的歷史系教授，著有《德國殖民主義簡史》、《帝制德國時期的全球化與國家》、《在美國世紀書寫德國史與日本史》，《全球史的再思考》則是延續他過往的全球化思考的最新力著。從全球史的簡史、競爭對手、獨特方法、整合型態、空間、時間、書寫立場、概念與政治操作等方面進行探討。塞巴斯蒂安・康拉德著，馮奕達譯，《全球史的再思考》（新北：八旗文化，二〇一六）。

9 有關全球史對民族國家史學的討論，可見蔣竹山，《當代史學研究的趨勢、方法與實踐：從新文化史到全球史》（台北：五南，二〇一八修訂版）。蔣竹山，〈超越民族國家的歷史書寫：試論近來全球史研究中的「空間轉向」〉，《新史學》，二三：三（二〇一二年九月）。蔣竹山，〈探尋世界的關聯：全球史研究趨勢與實踐〉，《歷史研究》，二〇一三年三月。

10 https://www.cla.ntnu.edu.tw/index.php/classic70-2/

11 http://www.nacs.gov.tw/05_lifelong/02_yearbook.asp?year=105&change=0

12 《西方憑什麼》（台北：雅言文化，二〇一五），頁一一。

13 賈德・戴蒙著，王道還、廖月娟譯，《槍炮、病菌與鋼鐵：人類社會的命運》（台北：時報文化，二〇一九）。

14 《西方憑什麼》，頁四六四－四九六。

15 《西方憑什麼》，頁一一一－一一七。

16 《西方憑什麼》，頁一八－二〇。

17 《西方憑什麼》，頁一五。

18 《西方憑什麼》，頁一六。

19 《西方憑什麼》，頁一七。
20 彭慕蘭著，黃中憲譯，《大分流：現代世界經濟的形成，中國與歐洲為何走上不同道路？》（新北：衛城出版，二〇一九）。
21 《西方憑什麼》，頁四七〇－四七一。
22 哈拉瑞著，林俊宏譯，《人類大歷史：從野獸到扮演上帝》（台北：天下文化，二〇一八）。
23 軍事史亦是近來翻譯重點，時報文化翻譯出版的《決戰熱蘭遮》與《火藥時代》，就是與戰爭有關的全球史。
24 賈德．戴蒙，《槍炮、病菌與鋼鐵：人類社會的命運》（台北：時報文化，二〇一九），頁一五－三八。
25 《槍炮、病菌與鋼鐵》，頁一七〇。
26 查爾斯．曼恩著，黃煜文譯，《一四九三：物種大交換丈量的世界史》（新北：衛城出版，二〇一三）。
27 戴倫．艾塞默魯、詹姆斯．羅賓森著，吳國卿、鄧伯宸譯，《國家為什麼會失敗：權力、富裕與貧困的根源》（台北：衛城出版，二〇一三），頁一四－一五。
28 《一四九三：物種大交換丈量的世界史》，第一章。
29 有關這個工作坊的活動內容，請見《人社東華》電子期刊，https://reurl.cc/xQ783E。
30 《中國新聞網》，二〇一七年五月二十一日。

31 喬·古爾迪、大衛·阿米蒂奇著，孫岳譯，《歷史學宣言》（上海，格致出版社，二〇一七）。
32 《歷史學宣言》，頁二。
33 《歷史學宣言》，頁三。
34 《歷史學宣言》，頁九六。
35 《歷史學宣言》，頁九八。
36 《歷史學宣言》，頁九八。
37 孟鍾捷、蘇珊·波普、吳炳守編，《全球化進程中的歷史教育：亞歐教科書敘事特徵比較》（上海：上海三聯書店，二〇一三），頁一八三。
38 巴貝爾·庫恩，〈德國歷史教育中的「世界歷史觀」，作為全球化挑戰的一種回應〉，收入《全球化進程中的歷史教育》，（上海：上海三聯書店，二〇一三），頁一八七。
39 《全球化進程中的歷史教育》，頁一－五。

第一部

# 全球視野與全球史觀

## 1 這個時代我們需要什麼樣的全球史觀？

近來我讀過較類似〈導論〉這類型全球史書寫風格的，可能要算是宮崎正勝的新書《從空間解讀的世界史：馬、航海、資本、電子資訊的空間革命》。

宮崎正勝是誰？這位日本知名的公眾史家，台灣的讀者應當不陌生。他這幾年被引進到台灣的著作相當多，從中東與伊斯蘭世界史圖解、酒的世界史，寫到餐桌上的世界史，深入淺出的說歷史方式，相當受到讀者的喜愛。若以翻譯數量來論，他絕對是數一數二的公眾史家。

宮崎正勝的這本新書《從空間解讀的世界史》，最吸引我的就是「空間革命」的概念。

作者的概念來自於德國的政治思想家卡爾・施密特（Carl Schmitt）的啟發。施密特認為地理大發現是世界史的重要分水嶺。所不同的是，宮崎正勝強調這空間革命不該只有一個，而是多個。這樣伴隨著空間革命所形成的複數的歷史空間，是我們理解世界史的捷徑。

除了東非大地塹是最初的歷史空間外，相對應六個空間革命的有六個歷史空間。第一是大河流域中「大農業空間」的形成；二是使用馬匹游牧民族促成了大河、草原、沙漠與荒地的整合，形成了帝國的「區域空間」；三是伊斯蘭帝國的騎馬游牧民族所形成的「歐亞空間」；四是地理大發現之後形成的「大西洋空間」與近代體系的形成；五是工業革命後的鐵道、輪船所形成的「全球性空間」；六是資訊革命帶來的全球規模的「數位空間」。

其中，促成這些變革的關鍵驅動力就是本書的副標題「馬、航海、資本、電子資訊」。

在這六個空間革命中，第二、第三是「馬」、第四是「航海」、第五是「資本」、第六是「電子」，作者認為這些都與空間的形成有密切的關聯。儘管宮崎正勝強調空間的擴大可視為是空間革命，並以這些當作是各章的主題，但並非新創的概念，還是會與傳統的世界史架構有所呼應，像是農業革命、都市革命、地理大發現、工業革命及資訊革命等。

然而，畢竟這是一本從空間理解世界史的概論，不可能什麼都說，作者談的都是一些主導世界史發展的大事，且屬於比較結構性的歷史發展，突發性的事件談得少，人物在裡頭也非要角。這些可能是閱讀此書要有的基本認識。

宮崎正勝有多愛這位德國法學家及政治思想家卡爾．施密特，看看每章的內容一再提他就知。第五章他說：「施密特指出，俄羅斯的獵人與西、北歐的捕鯨者打開了陸地與海洋無限的空間，廣大的世界因此誕生」；第六章「施密特認為『基本上世界史是一連串陸海相爭的過程』，而地理大發現是由陸地空間轉到海洋空間的巨大革命」；他還提到施密特將英國成為海上舉足輕重的存在的轉型過程，定位成一次全球性的空間革命。到了第八章，也提到施密特認為：「對世界大洋完成英國式的占領，將空間革命的第一階段收為己有，變身為海洋國家的英國，成為地理大發現空間革命的唯一繼承人，引領主導著『大世界』。」

然而，台灣讀者對施密特一定相當陌生，歷來甚少有歷史學者會提到他，除了研究法學或政治學的專家。在宮崎正勝大為推崇的施密特著作《陸地與海洋》中，施密特強調人類歷史過程中不變的法則就是土地空間、海洋空間與天空空間的爭奪與演進。這書還指出，人類的律法規範了國土疆界與司法管轄的範圍，一旦跨越這之外，涉及地表共同空間問題，其核心即在於空間的獲取、分配及擴張。在此概念基礎的延伸，作者重新寫了一本能呼應當今全球化浪潮的世界史概論。

我之所以說這書類似帶有全球史的概念，還可從他提到的日本近來高中世界史教科書的變革來看。宮崎正勝強調日本近來的趨勢已經打破了過往的東洋史及西洋史的二分法，轉而會強調對歐亞各區域以至於全球化世界的空間擴大的關注，特別是有關各區域世界的形成、交流與重整、結合與變遷。因此，在當今世界各地民族主義抬頭及歷史解釋日趨狹隘化的情況下，作者強調帶有全球化的視野是有必要的。

透過上述這些特點，即可看出作者的觀念如何與現今的全球史趨勢相呼應。

當前的史學走向，全球史有愈來愈受到重視的趨勢。近來《全球史學史》就揭露「全球化史學」已到來的訊息，這書作者認為冷戰結束後，史學界出現了顯著變化，開始對世界史與全球史有更多的關注。此外，有關全球史的理論與方法的回顧，也反映了當前史學的「全球轉向」。

所謂的「全球轉向」，特色之一是史學書寫的「空間轉向」，或者說是史學跨越民族國家的疆界，朝著區域、大陸及半球等空間發展。目前歷史學的幾個次學科如社會史、性別史、經濟史、環境史、醫療史、科技史、物質文化史、外交史，以及歷史教學，多少都受到這波「全球轉向」風潮的影響。

全球史的研究特色有以下幾點：第一，全球史家不只採取宏觀的視角，還試圖將具體的歷史議題放到更廣大的全球脈絡中；第二，全球史會拿不同的空間觀念來實驗，而不以政治或文化單位作為出發點；三，全球史強調相關性，主張一個歷史性的單位如文明、民族、家庭並非孤立地發展，必須透過該單位與其他單位的互動來理解；四，全球史強調「空間轉向」，常以領域性、地緣政治、循環及網路等空間性隱喻，取代「發展」、「時間差」及「落後」等詞彙；五，注重歷史事件的同步性，提倡將更多重要性放在同一時間點發生的事件；最後一點則是以異於以往世界史書寫的方式反省歐洲中心論的不足。其中上述的第四點「空間轉向」的概念能幫助我們理解宮崎正勝的空間革命與歷史空間觀。

近來台灣的公眾歷史書寫市場有三種特色，台灣熱、中國想像與全球史視野，其中又以全球史的著作既反映當代歷史學的研究趨勢；又能兼具傳達給民眾世界觀與歷史意識的公眾史學功用。宮崎正勝的《從空間解讀的世界史》與以往這方面的全球史著作的不同，在於這書通俗可讀，沒有太多艱深的用語與繁瑣的注腳，很有公眾史學的特色。

日本的教科書改革特色，也可以在德國身上找到。近來德國的歷史教育的例子能說明如何透過世界歷史觀的培養作為全球化挑戰的一種回應。庫恩提到，在近來德國的課程標準中提及了世界史的方法。人們強調了在歷史教育中對世界史的訴求，不能僅僅作為歷史教育的一個主題，而是必須被當作是一種視角的深化和轉移。在歷史教育的過程中，學生應當認識到歷史是一個過程，生活在不同區域的人們的觀念和知識不斷累積。不同區域之間的接觸不僅僅以衝突的形式發生，也可以透過和平的方式進行。

從《槍炮、病菌與鋼鐵》到《西方憑什麼》及《人類大歷史》的長銷，在在都說明了全球史書寫與公眾歷史的密切關聯。可惜的是，這些書對一般讀者都太難了。現在，我們又多了一個選擇，一本可讀性高的全球史普及書：《從空間解讀的世界史》。

# 2 亞洲即世界
## ——「哥倫布大交換」前的全球史

你最近如果看過近年來書市很紅的一本比較史名著《西方憑什麼》，應該對以下這段話不陌生：

九世紀的東方，其發展已相當有起色，足以啟動第二次舊世界大交換。商旅、教士、移民再度橫跨草原和印度洋，再度創造一個東西頻頻接觸的重疊地帶。在成吉思汗少年時期，印度洋商旅做的買賣已不僅是香料、絲綢等奢侈品，還有大宗糧食，其量之豐，羅馬已難望項背。從波斯灣的荷姆茲到爪哇的滿者伯夷（Majapahit。注：十三世紀東爪哇上的印度教王國），許多城市都因國際航貿而欣欣向榮。

伊安．摩里士所強調的是，第一次舊世界大交換曾在歐亞兩端開啟零星幾條蛛絲，但第二次大交換就真的有結網了。此時來的不僅是商旅，教士也受宗教寬容吸引而來。我們甚至可以說，一一〇〇年之後的數百年間可說是人類有史以來第一個科技移轉時代，這個時候落後的可是西方。

是的，上述這段話講的也是二〇一六年八旗文化所出的《旅人眼中的亞洲千年史》的重點，書中處理的正是五〇〇至一五〇〇年間「大亞洲世界」時代。

作者斯圖亞特．戈登（Stewart Gordon）的原書名為 *When Asia Was the World: Traveling Merchants, Scholars, Warriors, and Monks Who Created the "Riches of the East"*，若直譯為《那時，亞洲即世界》的話，似乎比中譯本書名《旅人眼中的亞洲千年史》更能顯現這本書的核心觀點，至於副標題「創造『富饒東方』的行旅商人、學者、軍人及僧侶」，則能看出作者的目光是集中在這些在跨文化地區移動的人物身上。

戈登是密西根大學南亞研究中心的資深研究員，根據他的學術網站上的介紹，他並非只是象牙塔內的學院史家，而是三不五時會搭著巴士橫越土耳其、伊朗、阿富汗、巴基斯坦與印度閒晃，偶爾攀爬祕魯的印加古道，又或者是在湄公河及密西西比河上乘船行旅。他曾拍攝過柬埔寨的古物與印度舊石器時代的岩窟壁畫，並擔任歷史頻道、探索頻道、迪士尼公司與美洲女王汽船公司的顧問。

在學術研究方面，他寫過有關環境史、軍事史、醫學史、網絡、王朝策略及社會動盪與社會混亂方面的論文，專著主要集中在近代以前的印度史，近來關注的則是海洋史與大西洋以外的奴隸史。曾經出版過：《馬拉地帝國、掠奪者與十八世紀印度的國家形成》（一九九四）、《榮譽之袍：前殖民與殖民期印度的袍服》（二〇〇三）、《馬拉地帝國（一六〇〇－一八一八）》（二〇〇七）、《十六世紀的沉船的世界史》（二〇一五）、《鐵鐐：大西洋以外的奴隸》（二〇一六）。

在已出版的著作中，二〇〇七年的《旅人眼中的亞洲千年史》最受好評，目前已知有七種不同國家的譯本，還被美國國家人文基金會選為美國超過一千家圖書館的必藏圖書。

這本書不是一般的亞洲史，而是透過八本回憶錄、九個故事，寫出的大亞洲世界的全球史。

戈登在中文版序言中開宗明義說道：「是透過諸如使節、軍人、商人、朝聖者或哲學家的雙眼，對波斯、中東、中亞、中國與印度所照的一系列街頭攝影。有好幾個主題一再出現，包括海盜劫掠、奴役、政治聯姻、海上之旅的危險、名譽在信用網絡中的重要性，以及王權象徵的共通點。」這九個各自獨立的故事，時間橫跨一千年，看似彼此沒有什麼關聯，但全書還是有個核心觀念，就是英文本的書名「亞洲即世界」，意思是五〇〇至一五〇〇年近代之前的世界中心是在亞洲。而促成這樣的特色出現的關鍵就是密切的「交流」，更明確的說法應該是「網絡與個人關係」。

讀者們對這樣的說法是否有點耳熟。你如果熟悉卜正民的《縱樂的困惑》、《維梅爾的帽子》，或者是彭慕蘭的《大分流》，你一定聽過十九世紀之前，世界的中心是在中國，而不是在歐洲。只是本書的故事的時序則要再往前推進些，中世紀時，世界的中心是在亞洲，而不是在歐洲。

一般讀者若只看作者前言的話，可能不大能夠理解這些個別故事背後的理論框架，其實祕密就隱含在前言的注釋中。戈登提到，這本書運用了大量的社會網絡理論，像是「弱理論」、「弱連結」、「信任網絡」、「分隔理論」。此外，作者還借用了哲學家皮爾・舍思（Per Otnes）的《其他面向：另類性、物質性和調解》（*Other-wise: Alterity,*

*Materiality, Mediation*）一書的看法：最根本的人類單位並非個人本身，而是某種物品所聯繫著的兩個個人間的關係。戈登就是透過這些概念在描述亞洲世界中許多網絡與關係的精準方式。作者非常巧妙地運用這些觀念，只不過我們在閱讀這一篇篇動人的故事時，絲毫不會感覺到這些敘事文句受到理論方法的左右。

這九篇橫跨一千年的行旅故事，一般讀者比較熟悉的可能就是僧侶玄奘、鄭和下西洋時的穆斯林翻譯馬歡這兩位與中國史比較有關的人物。其餘七篇的故事有中階廷臣的法德蘭、醫生與哲學家的西那、猶太香料商人易尤、使者與法官的巴杜達、軍人的巴卑爾及葡萄牙藥商皮萊資，此外書中唯一一篇與人物無關的是印坦沉船。

戈登看似寫人，其實是在寫物的交流。

大家看看每章主標題的關鍵字就知，像是「寺院」、「銀與船貨」、「胡椒」、「寶船」、「血與鹽」、「藥」，而這些不同身分的人物是這個時代物的交流的背後功臣。原來在克羅斯比的名著《哥倫布大交換》的物種交流之前，整個中世紀亞洲的物的交流就已經在如火如荼地進行了，說這是《哥倫布大交換》的前傳似乎也不足為奇。

第一章玄奘這篇的故事提到，傳播佛法可以讓人得到福報。當時大半個亞洲的國王、貴族與富商大賈都會定期捐助寺院，為遊方僧人提供住所與宣講所需物品，像是佛經、佛鐘與畫像。絲綢做的袍服，也是這個時期交流時的必帶物品。對當時的草原游牧民族而言，穿戴與分享絲綢袍服就是社會高層人士顯現身分、聯絡感情的一種儀式。

早在玄奘抵達今吉爾吉斯的伊塞克湖的幾百年前，絲綢就已經是這地區的貴重物品，和穀物一樣，常是引起戰爭的主要原因之一。玄奘的朝聖之旅，除了一般熟知的宗教傳布的作用之外，他也開啟了中印間的技術交流，像是之後不到十年時間，第二次前往印度的唐使就把甘蔗及壓榨甘蔗的技術帶了回來。

第二章伊本・法德蘭（Ibn Fadlan）談的就是阿拔斯王朝哈里發派遣使節，到伊斯蘭邊界外的非信徒那，結交窩瓦河畔保加爾王阿爾米許為盟友的故事。如同玄奘的故事，伊斯蘭信仰也能與佛教為中亞、東南亞商路沿線以及中國的王者提供的視野相提並論。

這位於西元九二一年帶著大隊人馬的行旅者，簡直就是一位觀察家與人類學家，一路記錄所見的氣候、作物、食物與買賣。透過法德蘭一路從巴格達、波斯、呼羅珊、花剌子模、戈爾干，到見到阿爾米許王的觀察，他讓我們了解到阿拉伯與歐亞草原的民眾都一樣用獻袍當作建立政治關係、表現尊重的儀式。

此外，十世紀時的亞洲世界已是個宗教觀五花八門、競相爭奪贊助與信徒的世界。在中東還是中亞，無論是大國還是小國，他們都共享同套儀式與象徵，以及同樣程度細密的政治同盟與歸順方式。這套共同語言是由旗幟、華麗馬鞍、跪拜禮、絲袍、亞美尼亞地毯、宴會與正式書信組合而成。

雖然本書是各自獨立的故事，但戈登還是會技巧性地將前一章的故事融入在下一章裡。

第三章主角是哲人醫生伊本・西那（Ibn Sina），戈登就提到前一章的法德蘭通過巴格達東北兩百英里的波斯城市哈瑪星之後的一百年，西那剛好被人抓進監獄。透過他的故事，我們理解到九世紀與十世紀的每一個重要科學突破，都是由亞洲的研究人員與學者所創造，而且是在穆斯林宮廷裡。

西那的著名醫書《醫典》最引人重視的特色，是有關熱帶植物與衍生處方的記載。他從實際運作的貿易網絡中吸取知識，就是這種網絡將藥物以及用藥知識傳到了中東、波斯與中亞。另外一本類似百科全書的作品《治心》，到了一二〇〇年之前，已經在西班牙、義大利、大不列顛地區流傳。戈登認為他的一生與著作，呈現出從西班牙到中亞的穆斯林菁英在學術上奉獻的深度。

第四章印坦沉船（The Intan Shipwreck）的重點是「貿易乃亞洲世界日常生活的根本」，所依賴的文獻不是回憶錄，而是沉船考古調查報告。故事時間點大約是上一章主角西那在布哈拉念哲學，西元一千年的時候。一九九六年以來，印尼政府與德國考古隊在西爪哇島外海，找到這艘一千年前的沉船，共打撈起兩千七百件古物。這些古物實際反映了當時海上貿易的繁盛景象，從實物可以判斷出這些商品大約來自中國、印度及中東。當時的中南半島有幾個大型王國如上緬甸的浦甘、吳哥、占婆及越北，與爪哇及蘇門答臘有密切的商業往來。

這些商品有來自馬來半島的錫錠、中國及印度的錫銅鉛混製而成的商品鏡子、佛像、青銅合金錠、中國商人身上的散銀、伊朗的玻璃珠、中國陶器、中國與波斯的絲、印度的棉花、香料，以及日常用品如魚醬及稻米。這些貨物可能是在蘇門答臘的某個轉口港上船的，它們從不同地方來到單一港口，商人在這裡存放商品，準備要運往不同口岸。這是當時整個海上貿易的特色。

此外，這艘沉船上的人工製品還反映了中東、印度與中國地區大型王國的發展，這些品味講究的城市居民，共同創造出對黃金、象牙、絲綢與珍珠的需求，這些商品正是「富饒東方」的代表性商品。和這些奢侈品相較，船上仍載有許多日常生活物品，像是魚醬、稻米、日用陶器及鐵罐，這些區域性商品或許更有經濟價值。

第五章談的是猶太商人亞伯拉罕・本・易尤（Abraham Bin Yiju）的「小豆蔻事件」。故事大概是這位商人苦等一批要由印度西南門格洛爾港轉運出去的小豆蔻，由於內陸的供貨商人未能守信交貨，以至於易尤錯過了亞丁轉運港的船班，為了要保住合夥關係，他最後墊錢了事。

這章讓我們看到亞洲世界貿易的自由程度，商人的組織相當有彈性，和歐洲有嚴格行規的行會不同。通常這種長距離貿易，商家會降低風險，像是採合夥關係，易尤和亞丁最有權力的出資者馬德蒙就是這種關係。貨物的運送會採取分散在不同船的做法，送抵港口後會交由不同的收件者轉送出去，這制度要能完善，靠的是商人、合夥者、船東及承銷人之間的信任。

我們現在之所以能夠清楚知道這些香料貿易的細節，最主要除了回憶錄之外，就是靠「開羅廢書庫文獻」，由於當時商人通信裡若有出現「神」的字眼，都會被刻意保留在猶太會堂裡，加上埃及的氣候乾燥，以至於十九世紀晚期發現時，大多保存完好。這些資料透露出，在印度馬拉巴爾的香料貿易，前後由猶太商人把持兩百年之久，直到一三〇〇年，才被埃及的穆斯林商人所取代。

在第六章這位知名旅行者、使者兼法官的伊本·巴杜達（Ibn Battutah）故事裡，戈登透過回憶錄（我們現在已經可以讀到這本遊記的中譯本《伊本·巴杜達遊記》），說明像他這樣的人物在十四世紀相當多。他們身懷伊斯蘭律法專業、宗教訓練或行政長才，是伊斯蘭世界的菁英。他們從西班牙、突尼西亞與中亞出發，前往巴格達、德里。這些人將新聞、八卦與各種故事從這宮廷帶到另一宮廷。他們是關鍵的推動力，整個大亞洲世界的宮廷因為有了他們，才使得宮廷文化裡的各種象徵、禮節與儀式變得如此相似。

第七章講十五世紀中國馬歡的故事，對此讀者應當不會太陌生，凡聽過明中國鄭和下西洋的故事，多少會聽到這位會講阿拉伯文的穆斯林的事蹟。在馬歡的時代，中國的商品早已在東南亞與印度洋流通數百年。

這裡頭故事值得一提的是，根據馬歡的回憶錄《瀛涯勝覽》，他記載了第四次下西洋時，麻六甲國王改信伊斯蘭教，穿著就像個阿拉伯人，這種對於袍服的描寫與觀察，很像前面幾章如法德蘭、易尤、西那及巴杜達所提的宮廷文化。戈登還特別強調，他就像法德蘭、玄奘、巴杜達等旅人一樣，在陌生的信仰與風俗中探詢模式與結構，分析自己的見聞，試著讓人了解這一切。整個亞洲世界對這類的作者與媒介有持續增加的需求。

第八章則談的不是傳統的行旅者，而是一位不斷征戰的小部落領袖巴卑爾（Babur），最後如何戰勝印度的德里蘇丹，進而建立起日後的蒙兀兒帝國。血與鹽的論點是這章最精彩的部分。這位成吉思汗的後代，如何透過中亞草原的「鹽的規則」，由首領提供食物與機運，軍人則予以回報，建立起平原作戰的優勢。這與傳統透過血緣關係建立起的權勢與投靠相比，更具有彈性與戰鬥力。

透過這層關係，巴卑爾在亞洲世界的十字路口喀布爾建立地盤，透過榮譽、得體行為與享樂方式共通性，從中亞、波斯、中東及阿富汗招到士兵。透過這樣的「血與鹽的網絡」所建立起的軍職世界，正與前面所提到的巴杜達的律法與行政世界，或是易尤的貿易世界一樣寬闊。

最後一章，作者則將視野拉到葡萄牙藥商皮萊資（Tomé Pires），這位一五一六年受到亞洲領土總督之請，延攬至中國北京遞交外交書信，贈送王室禮物，並期望達成與中國貿易往來的目的，可惜最後任務失敗。但點出了這個時期葡萄牙這種國家與商人緊密結合的關係，且會標籤局外人（摩爾人－基督徒－異教徒）的做法，和亞洲世界有自己的歷史、盟約、對手與忠誠對象的貿易方式截然不同。

此後，這樣的葡萄牙進入到亞洲的海洋貿易，影響了日後各王國的軍備競賽，大家都來武裝自己的港口。此外還影響到以下幾個層面：將香料島嶼與歐洲直接聯繫、東南亞小國的政局，三分之一運往歐洲的香料是葡萄牙所運，以及葡萄牙水手變傭兵，甚至成為海上私商。有關皮萊資的故事，《西方憑什麼》似乎也受到戈登影響，在第八章的結尾講到這段類似的情節。

在這九個故事之後，作者寫了一篇〈亞洲即世界（西元五〇〇年－一五〇〇年）〉，基本上就是本書的總結。建議讀者不妨拿到書後，讀了前言後即跳到這章來讀，雖說是結論，但也很適合當作導讀來看，這樣對此書會比較有歷史的全貌概念。

戈登從七個層面「帝國與都會」、「宮廷與政治文化」、「佛教與伊斯蘭信仰」、「旅行與貿易」、「創新精神」、「自我觀察」及「歐洲人的殖民征服」，提出綜合看法。他認為讓大亞洲世界如此獨特的原因在於這個世界裡的各種網絡。官僚、學者、奴隸、思想、宗教與植物都沿著相互交錯的路線移動著，延伸的家族紐帶跨越萬里以上的距離，從青銅到絲綢，貿易商無不積極地在為各種商品尋找市場。

本書雖然有以上的精彩內容，但仍有部分地方值得商榷。

一、如果現在還有西方中心主義或中國中心主義的史觀的話，本書或許可以稱為大亞洲中心主義史觀。作者無論從宮廷文化、信仰、商貿或知識交流，在在都呈現將一種共通性、無差異、自由移動的觀念帶入每個描述的角色。他所說的似乎就是柯嬌燕（Pamela Kyle Crossley）在《什麼是全球史》一書中談的「合流」概念，所謂「相距甚遠的各地民族因時間的推移而產生的差異，將逐漸被日益增長的相似性取代」，至於「分流」的部分是什麼？作者沒說，以至於這個時期亞洲世界的地域性文化差異似乎被忽略掉了。

二、由於作者是南亞研究專家，對於五〇〇至一五〇〇年間的歷史似乎以印度、中亞與中東的部分掌握得比較好，至於東亞的部分，雖然有寫中國兩個例子，但朝鮮與日本則完全沒有提到。至於寫到的中國部分也有誤解，例如頁四〇提到「十世紀時，伊斯蘭帝國阿拔斯王朝首都巴格達便與德里、北京及君士坦丁堡並列為世界上最大、最富有、也最精雕細琢的城市」，這裡明顯誤將十世紀中國的代表大城當作是北京，稍微對中國史有了解的人應該都知道，元以前的中國世界性大都市，絕對不會是北京。北京的錯誤不只這裡一處，在頁八與頁二六七只要提到帝國大城，講中國時就只知道舉北京。

三、作者雖然各章在寫人物，但其實是在寫物的交流。談到物的交流，卻絲毫沒有提到當時歐亞的各種移動，除了帶來貿易的流通之外，也有疾病的影響，尤其是黑死病造成的衝擊（作者只在巴杜達那章提到一句）。關於這點，《什麼是全球史》中就以專章〈傳染〉介紹這方面的研究，讀者可以自行參考。此外，阿梅斯托的《世界：一部歷史》，對於這段時期的疾病傳染，也有〈自然的報復：十四世紀的瘟疫、嚴寒與災難〉一章，討論這場瘟疫對中國、伊斯蘭世界和歐洲社會與政治的影響是什麼。

四、作者雖然有提到社會學理論的網絡概念，但早在這些著作之前，柯丁（Philip Curtin）就已經提出了貿易離散社群與跨文化貿易的概念，讀者可見他的代表著《世界歷史上的跨文化貿易》，書中就多處提到東部海域的亞洲貿易。

五、由於作者要強調亞洲的貿易與文化交流自成體系，與歐洲的不同，因此歐亞間的接觸就刻意淡化，因而提出：「歐洲與亞洲在知識討論、宗教辯論、家族紐帶、貿易夥伴關係、外交使團、宮廷行政事務、道德規範、詩作、音樂、流行風潮與藝術等各種交流密切的網絡之間卻沒有什麼交流。」但有讀過普林斯頓大學中東史權威劉易斯（Bernard Lewis）名著《穆斯林發現歐洲》的朋友，應當對裡頭所提到的概念不陌生，劉易斯認為就伊斯蘭和歐洲之間的關係而言，不管是戰時或平時，從來都是對話，而非獨白，也就是這個發現的過程是雙向的。書中就舉例證說明過，就提供西方訊息的人來講，除了使節、商人和朝聖者，一定有過另一種人，那就是特務。這類移動者，是《旅人眼中的亞洲千年史》所未提到的。

六、《旅人眼中的亞洲千年史》的中譯書名似乎未能表現出 When Asia Was the World 中「亞洲即世界」的含意，甚至容易造成讀者誤解，以為書中所談的都是我們一般所認知的旅行者。其實書中的例子不完全是旅人，像是沉船那章談的就是物，而巴卑爾也是一名到處征戰的武將，不是什麼旅行者。

雖然以上的問題有待進一步釐清，但絲毫不減我對此書的喜好。《旅人眼中的亞洲千年史》是目前我讀過的相關著作中，除了墨菲（Rhoads Murphey）的《亞洲史》與哈濟生（Marshall G.S. Hodgson）的《伊斯蘭文明》以外，收穫最大的一本。最主要原因除了作者運用大量的亞洲人的回憶錄（參考了五十本）與信件，以優美文筆，加上說故事的方式，將主人翁的個人歷險帶入大時代的背景。由於我們看到的是這些在亞洲世界移動的人物生命史，敘事既微觀又宏觀，通篇讀起來絲毫不會有窒礙感。當然，譯者馮奕達的文筆也相當流暢，許多複雜的人名、地名與跨文化用語都能精確掌握，這點也為本書加分不少。

# 3 全球化的開端
## ——你所不知道的西元一千年

看完耶魯大學歷史系教授芮樂偉・韓森（Valerie Hansen）的新作《西元一千年：探險家連結世界，全球化於焉展開》，你或許會有個初步印象，以為她是一位擅長寫全球史的研究者。事實上，她可是以中國史研究，尤其是唐宋社會史及宗教史研究起家的漢學家。

一般台灣讀者比較熟悉的可能是她的名作《絲路新史：一個已經逝去但曾經兼容並蓄的世界》。這書於二〇一五年被翻譯至台灣，當時的網路書介是這樣形容這本書的：「絲路作為一條貿易之路並以絲綢為貿易大宗的錯誤形象漸漸成形。本書見解處處挑戰傳統觀點，解讀近百年絲路沿線綠洲出土文物與文書，衝擊人們過去對『絲路』歷史的錯誤觀點與想像。」

她所翻轉的觀念像是：絲路不是一條從長安一路通往羅馬的商路，而是由多個短程路線穿插而成；漢帝國和羅馬帝國從未有兩地的直接貿易；絲路貿易的常態是綠洲居民透過短程、以物易物的小規模貿易；對絲路居民而言紙張比絲綢更珍貴；絲綢常被當成貨幣而不是商品；絲路城鎮市集以當地產品居多，而非舶來品；所發現的近千件文書中僅一件提及「商人」，可見絲路的主要旅人不是商人，而是因地方戰火流離失所的難民。

她的研究創新力與敘事力可不是從《絲路新史》才開始的，一般說來，要再往前推。她有一本教科書《開放的帝國：一六〇〇年前的中國歷史》（江蘇人民出版社，二〇〇七），成為許多大學用書後，讓她的知名度大開。這書主要是根據她在耶魯大學教基礎課程「中國古代史」講稿修改而成，透過扎實的考古及歷史新證，讓許多美國大學生更能認識中國漫長歷史的特色。

對我而言，我對她的認識則要更早，早在一九九〇年代初期，就讀過她的成名作《變遷之神：南宋時期的民間信仰》（浙江人民出版社，一九九九）。我曾在一九九七年的《新史學》發表過一篇論文〈宋至清代的國家與祠神信仰研究的回顧與討論〉。當時就提到她一九九〇年的《變遷之神》是如何有系統地以歷史角度探討祠神信仰與宋代社會變遷。無論是觀念或資料運用上，這書都讓美日學界相關研究有了新的進展。特別是有關國家對祠廟的賜額、賜號過程的論點，吸引了許多人進行後續討論。

有了這樣的基本認識，要來讀這位史家的新作，才能慢慢理解，為什麼韓森能寫出這樣的全球史新書，這主要奠基於她從早期的著作中，就不斷挖掘新材料，進行跨文化交流的研究。她的中國史研究轉向世界史研究過程，也反映了這二十年來的學界，如何從社會史、文化史的研究，轉向為全球史。這在卜正民的《維梅爾的帽子》著作中也能明顯見到。

《西元一千年》一書最重要的論點就是「西元一千年是全球化的濫觴」，各種貿易路線在這個時期的世界各地成形，促使商品、技術、宗教、人民離開家鄉，前往他地。而這些連結，則是為日後一五〇〇年的歐洲所主導的新世界搭好橋梁。不管這樣的說法是否合乎一般看法，至少作者提出了一個相當新穎的論述。

韓森為什麼會寫這本書，這跟《絲路新史》有關。她在快完成上一本書時，突然發現原本看似無甚相關的三件事，竟能找到背後的共同因素是區域擴張。這三件事分別是：一〇〇〇年前後諾斯人登陸美洲蘭塞奧茲牧草地；一〇〇五年遼與宋訂立澶淵之盟；一〇〇六年中亞喀喇汗人（Qara Khanid）占領喀什。這些連結促使她開始認真去研究西元一千年前後的世界史。首先她與專攻維京人的中世紀歐洲史家安德斯．溫羅斯（Anders Winroth）及前哥倫布時期藝術史家瑪莉．米勒（Mary Miller）合作，一同開設「一〇〇〇年前後」的研究所課程，透過彼此學術交流及移地考察，才使得這本超越她研究專長的論著得以成形。

本書書名雖然是西元一千年，但實際上所談的時間是一千年前後的世界史連結與互動，而不是專指某一個年份。空間上則涉及了美洲及歐亞非洲四部分，建議閱讀時要搭配作者設計好的各種地圖，才能領略當時的全球互動網絡空間。《西元一千年》全書分為八章，先以西元一千年的世界的模樣做初步的介紹，結尾則回到作者的本行中國史，強調當時世界上全球化最深的地方就在中國。

至於中間的六章則是本書的重點，每一章帶出一個區域間的連結主題。例如第二章〈往西走吧，維京少年〉主張維京人老早就有美洲探險。而且維京人於西元一千年到加拿大的航程開啟了從歐洲到美洲大陸的路線，環球交通網在那一年形成是事實。她也順便打臉暢銷書作者加文・孟席斯（Gavin Menzies）說中國人比哥倫布更早到美洲的說法是胡說八道，毫無根據。第三章〈西元一千年的泛美公路〉探討馬雅的世界。早在西班牙人來美洲之前，該地居民已經構築了複雜的道路網絡與貿易網。道路網以奇琴伊察為美洲貿易網中心，向北延伸至查科峽谷和卡霍基亞，南到哥倫比亞。作者提出，哥倫布沒有開創出新的泛美公路系統，他只是加入橫渡大西洋的新環節，把既有美洲路線與歐洲相連結起來而已。第四章〈歐洲的奴隸〉，談的是來自斯堪地那維亞的羅斯人，如何進到東歐，透過奴隸及毛皮貿易賺到大筆財富，進而對東歐造成衝擊。他們的著名統治者弗拉基米王子選擇皈依拜占庭東正教，此舉改變了基督教世界的版圖，將東正教帶到東歐及俄羅斯。

第五章〈世界最富有的人〉則是談伊斯蘭。韓森認為，非洲人在促進伊斯蘭世界與非洲之間的貿易上起了關鍵作用。在一四九二年之前，進入歐洲與亞洲的黃金，有三分之二來自西非。而八〇〇至一八〇〇年間，離開非洲到伊斯蘭世界的奴隸相當多，不亞於越過大西洋的奴隸總量。第六章〈中亞一分為二〉談中亞的「騎士」，這是西元一千年時中亞最重要的資產。早在西元一千年之前不久，中亞騎士就開通了橫跨歐亞大陸各地的孔道。除了物品流通之外，這個時期的全球化也促使基督教來到東歐及北歐，伊斯蘭教則去了中亞與西非。

第七章〈意外的旅程〉的重點是日本到非洲之間的海域：阿拉伯海、印度洋、孟加拉灣、南海、東海及太平洋。這些海域早就有各國水手的活動，這比麥哲倫及達伽馬的「發現」航道還要早。原本連結東南亞與外在世界路線大多通往印度，西元一千年之後，則轉向中國。此外，她特別強調馬來半島與非洲東部外海的馬達加斯加之間有長達六千五百公里的貿易活動。

雖然韓森的專業是中國史，但老實說，最後一章所談的中國史較其他章節，故事則顯得沒這麼精彩，也沒講出什麼新鮮事。我最喜歡的還是前面美洲維京人及馬雅的那兩章，既有新論點，敘事力也十足。

韓森所說的西元一千年，全球化就已經開始，不管你信不信，這書都提供了許多地區的互動與連結故事。讀者若覺得這樣還不夠，建議可找來以下兩本書。

首先是伊安·摩里士的《西方憑什麼》。作者提到：「九世紀的東方，其發展已相當有起色，足以啟動第二次舊世界大交換。商旅、教士、移民再度橫跨草原和印度洋，再度創造一個東西頻頻接觸的重疊地帶。在成吉思汗少年時期，印度洋商旅做的買賣已不僅是香料、絲綢等奢侈品，還有大宗糧食，其量之豐，羅馬已難望項背。從波斯灣的荷姆茲到爪哇的滿者伯夷，許多城市都因國際航貿而欣欣向榮。」

是的，上述這段話講的也是《旅人眼中的亞洲千年史》的重點，書中處理的正是五〇〇至一五〇〇年間「大亞洲世界」時代。作者斯圖亞特．戈登所說的這九個各自獨立的故事，時間橫跨一千年，看似彼此沒有什麼關聯，但全書還是有個核心觀念，就是「亞洲即世界」，意思是五〇〇至一五〇〇年近代之前的世界中心是在亞洲。

而促成這樣的特色出現的關鍵就是密切的「交流」，更明確的說法應該是「網絡與個人關係」，這點也與《西元一千年》類似。看看每章的主標題的關鍵字就知，像是「寺院」、「銀與船貨」、「胡椒」、「寶船」、「血與鹽」、「藥」，而這些不同身分的人物是這個時代物的交流的背後功臣。原來在克羅斯比的名著《哥倫布大交換》的物種交流之前，整個中世紀亞洲的物品交流就已經在如火如荼地進行，說這是《哥倫布大交換》的前傳也不為過。如此看來，《旅人眼中的亞洲千年史》的論點，又與《西元一千年》有幾分相似，兩書很值得一起搭配閱讀。

若是深度讀者對於這樣的補充還嫌不夠，我會建議可以再去找日本東大羽田正教授的《全球化與世界史》（復旦大學出版社，二〇二一）與德國著名史家于爾根·奧斯特哈默（Jürgen Osterhammel）的《全球史講稿》（商務印書館，二〇二一），這兩本對於全球化有一番更深入的探討，肯定可以補充韓森論述的不足。

# 4 既沒有和平也沒有戰爭——一九四六的全球史

著名的全球史學者傑里・本特利（Jerry Bentley）在他那本著名的全球史著作《新全球史》中提到第二次世界大戰時，是這樣描述二戰的結束，他的標題是「既沒有和平也沒有戰爭」。他提到：「第二次世界大戰的結束製造了和平的景象：蘇聯和美國士兵在易北河密切合作，慶祝他們對德軍的勝利；維克托・托利與一個日本男孩和他的家人靜靜地喝著茶；盟軍轟炸機成為仁慈之機，正在為德國和日本人運送糧食和藥品。共同的人性即使在這場最致命的戰爭中也拒絕死亡，儘管在戰後，還等待著人性的進一步的考驗。」雖然這樣的描述過於簡單，但也許道出了二戰在一九四五年結束時，全世界要面對的新的問題才正要開始。

由於二〇一五年正值二戰結束七十週年，各家出版社都卯起來出版有關二戰的書。

像是半藤一利的《日本最漫長的一天》、小熊英二的《活著回來的男人》、茉莉・戈波提爾・曼寧（Molly Guptill Manning）的《書本也參戰》、卜正民的《通敵：二戰中國的日本特務與地方菁英》、約翰・托蘭（John Toland）的《帝國落日》、芮納・米德（Rana Mitter）的《被遺忘的盟友：揭開你所不知道的八年抗戰》。這些書有的是談帝國，談中國的對日抗戰，或是談中日戰爭時淪陷區的合作，以及描述日本投降的那一天，比較少談到二戰之後的衝擊。

若以廣義的角度來看，二戰的書當然不該只談戰爭期，有的重點則是放在戰爭結束之後的世界發展。其中，就以維克托・謝別斯琛（Victor Sebestyen）於二〇一四年出版的《一九四六：形塑現代世界的關鍵年》（*1946: The Making of the Modern World*，以下簡稱《一九四六》）最受矚目。作者謝別斯琛是位英國記者，曾著有《十二天：一九五六年革命》、《一九八九年革命：蘇聯帝國的衰頹》。從這兩本書可看出，謝別斯琛特別著重在變動的關鍵那一年，所談的主題都是以年代當作書籍的標題。

身為記者的謝別斯琛，多年來報導過許多重大事件，從柏林圍牆倒塌到前蘇聯瓦解，一直到以色列、巴勒斯坦存在問題引發的冤冤相報的報復行動。當他以史家的角度試圖找出這些事件和故事的根源時，都會回到一個時間點，那就是「一九四六」，戰後的那一年。就是這一年，為當代世界奠立了基礎。

在這一年，冷戰開始，歐洲開始以「鐵幕」為界，開始受意識形態主導，劃分為兩半。那是大英帝國聲望開始走下坡，印度獨立，成為世界上擁有最多人口的民主國家的一年。那一年也是猶太人創建家園年。一九四六年更是中國共產黨為打贏內戰，發動最後攻勢的一年，此後開始以大國姿態重現世界舞台的那一年。從這些現象來看，本書的主要觀點在探討一九四六年做決定的那些人，如何形塑了我們今日所處的世界。本書的研究區域雖然以歐洲為主，但研究方法卻帶有全球史的視角，因此同時也探討了一九四六年的情勢如何影響到亞洲及中東的未來。

在這些故事中，冷戰帶來的持續四十年的文明衝突，以歐洲最為激烈，隨時都有可能發生新的軍事衝突。二次大戰時為了要阻止德國掠奪歐洲，雖然平息了攻勢，卻迎來蘇聯將德國取而代之的危險。有的國家在戰爭結束後漁翁得利，變得超級強大。美國就是在一九四六年之後，開始以世界性經濟、金融、軍事強權的身分稱霸世界。而亞洲大多數地方如東印度群島、越南、新加坡、印度、巴基斯坦，紛紛開始脫離歐洲傳統帝國的殖民統治。對於一九四六年的大多數人來說，最害怕的事，除了挨餓與生病外，就屬擔心全球性戰爭再度捲土重來。

在這樣的問題意識與書寫脈絡下，作者用三十二則或長或短的故事，呈現出一九四六年的時代特色。在這些篇章中，他談論許多課題，像是：美國人世紀的到來、史達林與俄羅斯、德國的「零時」、成為冷戰重要舞台的奧地利、美加境內的俄羅斯間諜網、瀕臨破產的英國、史達林的莫斯科演說、冷戰宣言與圍堵蘇聯擴張的觀念、日本天皇的退位危機、戰後復仇與姦淫劫掠、驅逐德意志人、戰俘問題、美國人的國共調停、鐵幕的開始、伊朗危機、英國的印度難題、聯合國救濟總署與難民、去納粹化的審判、希臘的代理人戰役、猶太人建國、波蘭的反猶屠殺事件、耶路撒冷的大衛王飯店炸彈事件、美國的第一次水下核子彈試爆、巴黎和會與法國、美蘇與土耳其問題、加爾各答大屠殺、馬歇爾的使華調停失敗、裕仁天皇與日本新憲法、歐洲最冷的一天與絕望。每一則故事都將事件、人物、時代緊密地串連在一起。

本書的結構相當特別，許多事件看似亂無章法地書寫，但仔細閱讀，你會發現每則故事的先後是刻意安排的結果。雖然這些文章並不完全有很明確的前後文關係，但是作者還是相當細膩地以時序來呈現這些故事。從第一篇一月的〈我受夠了把蘇聯人當嬰兒般呵護〉到十二月二十九日的〈大寒〉，這期間的大大小小事件，謝別斯琛都盡量以時間先後出現。在寫作技巧上，謝別斯琛和以往類似主題著作最大的不同在於，他具有記者追查新聞的敏感度及犀利的文筆，往往在書寫一個事件時，能夠透過不同人物所說過的話來烘托出當事人的看法。

就我而言，本書雖然是為一般讀者而寫的非虛構寫作，卻能充分利用各種文獻，將時代發展的脈動，深入淺出地呈現。基本上，本書有以下幾個特點：

一、全球史取向。雖然本書的書寫是以歐洲為主，但還是兼顧到中東、南亞，及中國、日本與台灣。雖然三十二個故事篇篇都能單獨閱讀，各自有各自微觀的故事重點，但若將觀看鏡頭拉遠，放到更大的時空脈絡來看，這些故事都與美國及蘇聯兩大強國有關，尤其是美國。在〈後記〉裡，謝別斯琛特別強調這一點。他借用美國總統杜魯門的話說，一九四六年是「決定之年」，美國決意將其影響力、意識形態和軍力擴及到全世界的一年。蘇聯拜希特勒及美國之賜，赫然成為世界第二大強國，緊跟在美國之後。若不是納粹入侵蘇聯，二戰結束時，就不會有蘇聯占領東歐、中歐大部分地方，也不會具有能對西方的自由民主理想構成挑戰的帝國姿態。在戰爭時，給予蘇聯武器、糧食，以及工業實力者，正是美國。正如同謝別斯琛所說的：「布爾什維克始終具有輸出『革命的意志』，美國則提供他們輸出『革命』的工具。」

同樣的情況也可套用在中國身上，共黨一九四九年在中國的勝利，雖然與蘇聯的援助毛澤東有關，卻不如美國人不願無限援助蔣介石的國民政府的關係來得大。中共之所以可以贏得內戰，這與美國的杜魯門及馬歇爾於一九四六年的決議有密切關係。

二、資料的豐富性。作者雖非專業史家，卻能蒐集各式各樣的史料與當代研究來呈現故事的多元性。在檔案方面，已經利用「蘇聯領導人檔案」、「波蘭流亡政府檔案」、「蘇聯外交政策檔案」、「德國聯邦檔案」、「CNN冷戰系列檔案」、「冷戰國家歷史計畫檔案」、「哥倫比亞大學口述史計畫」、「猶太人歷史博物館與檔案」及「匈牙利國家檔案」等等。除了檔案，還大量運用已公開的文件，像是「德國一九四四－一九四五文件」。他所使用的資料當中，最多的還是歷來學者們的專著，像是東尼·賈德（Tony Judt）的名著《戰後歐洲六十年》一至三卷，以及跟《一九四六》的寫作手法很相似的著作，伊恩·布魯瑪（Ian Buruma）的《零年：一九四五年，現代世界的夢想與夢碎之路》。

三、鋪梗高手。作者的每一篇事件都是以說故事的方式在進行，既有敘事，也有析論。尤其是每篇文章的第一段，他會先來一段微觀的現場報導式前言，以一則小故事帶入整章要談論的核心，這種方式容易讓讀者有種親臨歷史現場的感覺。像是第三章〈俄羅斯人〉，他寫道：「一九四六年一月二十五日晚上九點左右，一個神情緊張，長長山羊鬍梳理得很整齊的男子，由人引進克里姆林宮的史達林辦公室。」第四章〈零時〉：「事故發生一個月後，他們仍在煤礦截面附近找到屍體。元旦三天前，在漢諾威東邊不算太遠的派內一地的煤礦場，下午班就要結束時，搭載礦工回地面的升降籠，在礦坑豎井裡墜落數百尺深，造成四十六名礦工死亡。」在〈古琴科事件〉這章，他說：「二月三日星期日晚上，美國記者德魯・皮爾森在其NBC電台廣播節目上，播出一則轟動的獨家新聞。他說，有個蘇聯間諜已向渥太華的皇家加拿大騎警自首，並揭露『美國和加拿大境內一龐大的俄羅斯間諜網』。」

四、以人寫事。作者雖然以事為核心，但相當擅長用人物的對話來呈現事情本身或是對事情的看法，文中充斥著大大小小人物所說的話。像是〈零時〉這章，主要談的是一九四五年五月八日午夜納粹投降生效開始俗稱「零時」之後的德國發展。作者在描述戰後德國柏林城市的毛骨悚然的氣氛時，引用了一位在戰前住過柏林的軍人的回憶錄，這人說：「最叫人難忘的印象，不是視覺上的，而是聽覺上的印象。」又或是〈退位危機〉中天皇退位這章，麥克阿瑟提醒艾森豪，如果起訴天皇：「日本會陷入極大的騷動……會引發報復心態……冤冤相報的循環可能要數百年才會結束……毀了他，這個國家會解體。」

五、以數字呈現歷史。要呈現戰爭所造成的影響，除了文字的敘述與人物的感覺書寫外，另外就是以數字來呈現對國家、社會造成的傷害程度。有關這點，我覺得多少有受到戰後歐洲史專家賈德著作《戰後歐洲六十年》的影響。譬如賈德書中提到：「在蘇聯所占領的德國區域，出生了十五萬至二十萬『俄羅斯寶寶』；光是柏林一地，一九四五年結束時，就有約五萬三千名無家可歸的小孩；在德國的美國占領區，一九四五年時，官方給一般德國消費者的每日配給僅有八百六十大卡，這和戰前的兩千多卡有極大的差距。」

《一九四六》也見處處以數字來呈現戰爭帶來的各種影響與生活變化。這場戰爭造成德國有形的東西幾乎全毀。超過五百五十萬德國人死於戰爭，戰後一千五百萬德國人無家可歸。德國的民宅近三分之一遭摧毀，比一九四〇年納粹德國空襲倫敦期間的傷害還要大。此外，戰後的德國馬克一文不值，大家所認定每日使用的真正貨幣竟然是香菸，而且是美國牌子 Lucky Strike。一九四六年初時，一包這個牌子的香菸可換四盎司麵包，到了夏天卻買不到兩盎司麵包。

在難民方面：一九四六年春天，歐洲仍有四百萬流離失所的難民。這些人包括集中營裡倖存的猶太人、來自十二個國家的戰俘、納粹送到德國的奴工。在收容營內，也可以見到一種奇特的現象，就是超高的出生率。一九四六年中，美國占領區的收容營，一個月誕生七百五十名新生兒。十八至四十五歲的猶太女人，三分之一已經生產或懷孕。當時有位聯合國善後救濟總署的法國醫生解釋說：「無聊是原因之一，在收容所不做這個，還能做什麼？」

姦淫和劫掠的數字也讓人看得觸目驚心。除了強暴德國女人外，蘇聯占領下引發最大的民怨是要求龐大的戰爭賠款，這數目是一千兩百八十億美元。從勝利那一刻起，俄羅斯人就派「賠款小組」拆除德東的基礎設施和工業設施運回蘇聯。據估計，三分之一至四分之一的東德工業產能被奪走。美國人則估計在占領區內的前十五個月，蘇聯就拆走近八成的機器。蘇聯軍官的非正式劫掠也很讓人訝異，才占領不到一年，軍人就從德東運回了六千台鋼琴、四十九萬五千架收音機、十八萬張地毯、一百萬件家具、二十六萬多個壁鐘、十萬個火車車廂的各種建材及家用品、三百三十萬雙鞋、一百二十萬件大衣、一百萬頂帽子。對蘇聯而言，德國根本就像是一座巨型商場，隨他們任意搜刮。

人員的跨國移動的數字也值得關注，最受注目的是德國人被驅離的數字。戰爭結束兩年後，有兩百五十多萬德意志人被驅離捷克斯洛伐克。這些人有許多是先被關在集中營，再遭驅離，其遭遇就像戰時猶太人的處境一樣，所有德裔人都得在衣服上繡上大大的字母N。這些人不得進入公園，若想進入商店，只有在捷克人和斯洛伐克人買完東西後才能進去購買。從一九四六到一九四七年間，共有一百四十萬左右的德國人抵達美國及英國的德國占領區，以及有七十八萬多人抵達蘇聯占領區，這過程中，死亡人數說法不一，本書作者推估約有二十一萬左右，大多死於飢餓、疾病、監禁、毆打、虐殺等等。

有意思的是，在《一九四六》書中，作者還點出不只是德國人被驅離，有許多地方都將非我族群者驅離出境。這之後，德國的人口比戰前還要多，一九四六年底時已經有六千六百萬。這情況相當特別，歐洲人口組合上的族群同質性，比以往高出很多。弔詭的是，希特勒曾夢想建立一個單一族群的歐洲，但到了一九四六年底時，拜德國戰敗之賜，這夢想似乎已經達成。

儘管《一九四六》有上述這些特色，但仍有一些論點值得進一步商榷。

像是在〈這個中國糞坑〉這章，作者提到：「日本的占領手段非常殘暴，很少讓戰俘活命。日本人炸毀黃河堤防，展現其惡意破壞的心態，殘忍程度罕有匹敵。一百五十萬公頃的中國良田瞬間沒入水裡，使數百萬人陷入嚴重饑荒。」關於這段日軍炸毀黃河河堤的說法完全錯誤。

事實上，一九三八年造成花園口黃河決堤的不是日本人，而是中國人自己。這在《被遺忘的盟友》中有清楚的交代。米德提到：「抗戰期間，國民政府從來沒有承認是他們，而非日本人幹下決堤。但是真相很快就廣為人知。」由於決堤造成約五十萬人死亡及三百多萬的難民，雖然戰術上短期阻擋了日軍的進攻，但蔣介石政府深知內情曝光會嚴重傷害政府聲譽，因此決定推卸責任，對外宣稱黃河是在日本人的空襲下才決堤的。就連外國媒體也沒能分辨事情真偽，當時的《時代》週刊特派記者白修德的報導也誤認為這是日本人幹的壞事。

此外，台灣讀者若想要在這本書中找到二戰後台灣的一九四六年歷史的話，可能會有點失望，作者僅在〈「把沙灌進鼠洞裡」〉簡單用不到兩頁的篇幅提到一九四六年十月二十一日，蔣介石首度踏上台灣島，一來是要準備後路，找尋新的據點進行軍事部署；另外也是要測試一下台灣人的忠誠度。事實上，有關一九四五至一九四九年台灣島上發生的事，除了二二八事件有比較多的歷史書寫外，仍有一大片空白值得史家好好研究。

很多人可能跟我一樣，是先讀了二〇一五年山西人民出版社的簡體版，才知道有《一九四六》這本書。很高興馬可孛羅請到翻譯好手黃中憲重新翻譯，讓我們有個新的翻譯本可看。兩個譯本一比，立刻可以看出台版的優勢是什麼。首先，簡體版的英文題目有誤，封面寫的是 The formation of the modern world，正確的寫法是 The Making of the Modern World。其次，譯文的精確性，除了小部分的瑕疵外，還是黃中憲的譯筆較佳。而在內容的刪節上，礙於意識形態，書中〈這個中國糞坑〉提到毛澤東幾乎未出力抗日，共黨種植鴉片賺取暴利來武裝軍隊、餵飽人民及支持高幹的豪奢生活的部分，悉數刪除。光是這章的字數就少了三頁的篇幅，這做法明顯剝奪讀者知的權益。最後，在編輯上，繁體字版在正文裡頭，將部分重要句子改為標楷體，雖不是原文內已有的做法，這或許能加深讀者對文本的閱讀，但見仁見智，老實說，我較為不習慣這樣擅改原作畫重點的翻譯方式。

如果你讀了這本《一九四六：形塑現代世界的關鍵年》，對二戰後的世界發展還意猶未盡的話，建議可以再去找伊恩·布魯瑪二〇一三年出版的《零年：一九四五年，現代世界的夢想與夢碎之路》來看（台灣中文版於二〇一七年出版），一個是形塑現代世界的關鍵年，一個是現代世界誕生的時刻，兩者有許多重疊的地方。相較於謝別斯琛著重於各種事件的發生，布魯瑪則透過「歡欣」、「飢餓」、「復仇」、「歸鄉」、「法治」、「教化」等主題來認識一九四五年所締造的世界。

這兩位作者不約而同地都在關懷一個大的命題，那就是戰爭真的結束於一九四五年嗎？還是如有些史家所說，全世界的對抗要一直到一九八九年才走向終結？或許這些都不是，而是：「這是個既沒有和平也沒有戰爭的年代。」然而，不管結束了沒，一九四六都是一個新的時代的開始。

# 第二部

# 全球視野下的人與物

# 5 海洋、白銀、物與環境

## ——明清帝國研究的新視角

### 「中國的歷史」叢書，補足台灣的中國史閱讀落差

過去幾年，若要我推薦一本給一般讀者看的明清史著作，我一定會說卜正民的《維梅爾的帽子》[1]，但隨著上田信《海與帝國：明清時代》這書在臺灣商務印書館的出版，我終於有了新的推薦名單。

要理解《海與帝國》的特色，我們首先要認識日本講談社「中國的歷史」這套叢書的製作動機。這套叢書出版於二〇〇四年至二〇〇五年，是為了慶祝講談社創立一百週年而製作，至今已相隔十七年。

其實，類似的叢書，講談社此前已經出版過數次，在一九七七年刊行的「新書東

洋史」系列中，台灣曾經翻譯其中與中國史有關的四冊，合而為一冊《中國通史》，由稻鄉出版社於一九九〇年出版，常被台灣歷史系所當作中國通史指定教材，使用率相當高。這其實反映了台灣的中國史閱讀，與最新的研究成果之間有不小的落差。另外一方面，從一九七七年到二〇〇四年，講談社的這兩套中國史，亦有不少變化的軌跡可尋，例如，早期是將中國史作為東洋史的一部分而編入「新書東洋史」之中，直到二〇〇四年這套，中國史才獨立出來，自成一個系列。

本書作者上田信是日本明清史學界青壯派學者的其中一位代表人物，對於台灣讀者來說，他的名字可能不如明清社會史或文化史的岸本美緒、大木康、松浦章等人來得眼熟，就連日本早期的海域史著作，也不見上田信的名字。[2]但《海與帝國》出版之後，終於讓大家見識到這位史家的地域史與海域史結合研究的功力。

## 以世界史的脈絡和交易行為分析《海與帝國》

從「交易」的類型來分析歷史，是這本書的視角。作者認為只有人類可以從完全不同的地區帶入物資消費，這種跨越穩定的生態環境進行交換物資的行為，在本書中稱之為「交易」。在不同文化背景下，有不一樣的交易類型，有掠奪、互酬、納貢、集中再分配，以及市場。這本書探討的這五百年間的歷史，就是一種歐亞地區納貢、集中再分配的機制的興起與瓦解的過程，這之間穿插著掠奪的橫行，此外，歐亞地區萌發的市場制度，中國亦有參與。

其次，他提出了「合散離集」的史觀。

本書和其他冊不同，作者提出了他對中華文明的發展模式的看法。上田信首次提出這看法是在一九九九年的《森林和綠色的中國史》[3]書中，借用日本成語「離合集散」，予以拆解重組，用這名稱來解讀中國史特色，這幾個字代表中國歷史的幾個階段循環。首先是交易機制穩定的階段「合」，接著開始動搖，整個體系出現明顯裂痕就是「散」，當產生許多新的可能，各個體系領導反目成仇、展開抗爭，就來到「離」，到最後一個方案整合其他剩下體系就稱為「集」。作者認為在元以前，中國可分三個週期，每個週期都有「合散離集」，可在東亞的框架下討論，但到了第三週期循環還沒結束前，蒙古帝國建立起橫跨歐亞大陸的交易新機制，納入中國為其中一部分，此後，要理解中國史，就要在新的框架下來理解，因此作者創造了一個新的空間——「東歐亞」，要以此來釐清元明清的歷史。

不僅提出獨特的視角與史觀，上田信在講明清歷史時，是放在他所創「東歐亞」這樣的空間架構裡。這做法和杉山正明有些類似，是放在世界史的脈絡下來看遼、西夏、金、元的歷史。所謂東歐亞的空間，以海域來看，指的是日本海、渤海、黃海、東海、南海，以及與這些海洋相連接的陸地或島嶼組成的空間。若從我們一般常用的世界地理角度來看，這部分包括了東北亞、西藏與蒙古高原在內的中亞、東南亞以及印度一部分。

在這樣的觀念下所書寫的明清歷史，果然各章的重點和以往通史著作截然不同；過往以皇帝、宮廷及事件為主的政治

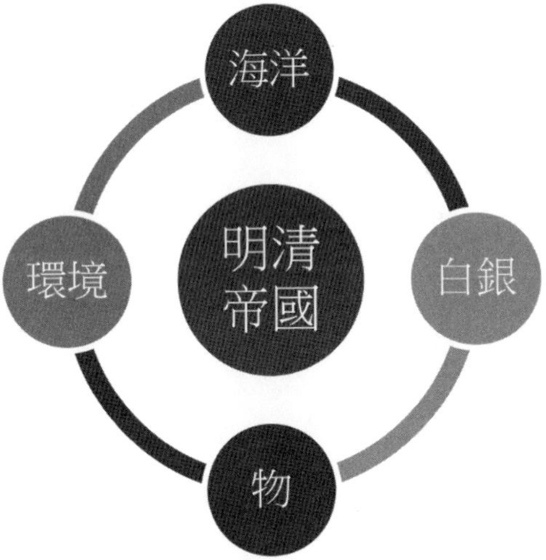

史架構不見了，取而代之的是以「交易體系」為內容的世紀變化（見目次）。除了「交易體系」的核心觀點外，本書另外有四個特色環繞著明清帝國：海洋、白銀、物與環境，這在其他明清通史著作中較為少見。

## 海洋的視角

在前言中，上田信以一段「花蓮媽祖在昆明」的趣味經驗，將讀者的視野帶到海洋的課題，這章的標題叫「大海環抱的兩個帝國」。上田信在一個近年來田野調查的重要地雲南昆明機場遇到台灣媽祖進香團，為何這群觀光客會帶著媽祖來麗江旅行？媽祖是誰？為何台灣東部會有這樣的媽祖廟？而麗江為何會成為知名景點？要將這些故事聯繫起來，作者告訴我們，得從歷史上來解開謎題。

要談這樣的故事，以往都從明末的政治史談起，但書中卻從元朝為開端。作者引用杉山正明的說法，元朝就是透過集中至再分配的交易機制，將勢力拓展到歐亞全區的帝國，這個時期發展出來的機制是白銀的大循環。但到了蒙古帝國瓦解時，歐亞大陸東部失去核心體系，轉到與次體系並存的狀況。到了明代時，雖然承繼的不是唐宋的模式，但也無意願及能力取代元朝創立，此時十四至十五世紀的中國退到一個次體系的位置。

這段故事，我們不僅在過往通史著作未曾聽過，也沒在《維梅爾的帽子》裡提到。上田信擅長將明清帝國內部的變化放在蒙古帝國建立起來的白銀交易體系脈絡來檢視。因此，十六世紀貴金屬的精煉技術提升後，來自日本與美洲大陸的白銀大量流入中國市場，一度退到次體系位置的現象開始重生，此後，商業時代開始出現，建構出一幅新的核心體系。

簡單來說，作者一再強調，明朝是十三世紀在歐亞地區產生的白銀體系瓦解之後，於東歐亞產生的帝國。環繞著這樣的體系轉換，《海與帝國》每章都提到了海洋。看這本書，你不能從以往教科書灌輸給你的內陸帝國腦袋去看明清，從海洋來看帝國，我們會看到另外一種景象，不僅如此，我們還能看到日本學者獨有的解讀觀點。例如在第五章〈商業的時代〉中，上田信提到以往兩岸的中國史學者較少提到的「寧波之亂」。從這條故事，上田信帶出「日本銀」的問題，並做出一個關鍵的結論：「就在寧波之亂後續處理的同時，日本出現了即將席捲整個東歐亞地區的變化。」

在第六章〈社會秩序的變化〉中，提到十六世紀後半出現有別於朝貢機制的交易方式──「互市體系」。隨著海禁到互市的開展，原本被舟山群島雙嶼港搶走光彩的福建漳州月港，再度躍上歷史舞台，這現象一直持續到十七世紀。

同樣的故事，我們在《維梅爾的帽子》也看得到。卜正民在〈秤量白銀〉這章提到，一夜之間，海盜成為商人，違禁品變成出口貨，地下交易變成了將馬尼拉等東南亞港口和泉州、漳州連成一氣的商業網絡。大批貨物從月港出口，白銀從月港流入，把中國和世界連成一塊。此後，我們看到的是大家所熟悉的跨越太平洋的西班牙勢力與美洲白銀的故事。

## 白銀與銅錢的雙重架構

從第一章〈事件的時空〉開始，上田信就點出，從歐亞大陸東部這個框架下來看，白銀流通體系在蒙古帝國時期是核心體系，其周邊使用銅錢的經濟圈則形成次體系。白銀與銅錢在空間上的雙重架構，成為自一三五一年以來，長達五百年的交易體系。

上田信還補充了過往講解中國史教科書都沒提到的問題：這些白銀到底去了哪裡？他的回答是，由於十八世紀繁榮的麻六甲港口變得沒落，曼谷、西貢等新的交易中心崛起，根據推測，從中國流出的白銀多半是進入了新加坡。英國商人用這些白銀購買東南亞各地的物產，或是招攬來自中國的勞工。

對於這種世界史的動向與明清的關係，白銀的故事相當重要。我們或許可以模仿《國家為什麼會失敗》[4]的作者批評《槍炮、病菌與鋼鐵》[5]作者戴蒙一樣，說出「笨蛋，關鍵在白銀」這句話。的確，此後的明清歷史的確與白銀有密切關聯。雖然上田信談了這麼多的白銀故事，但直到十九世紀這部分，他才描繪出這幅全球史的圖像。他認為從十九世紀中葉之後，中國裔民眾的活動開始跨出東歐亞的框架，開始往美洲大陸、澳洲、非洲等地拓展，他將從那時到現在稱之為「全球舞台」。

事實上，已經有許多學者從全球視角解析十七世紀以來的貿易流通。若要說起這種觀念轉變的源頭，一定要提到彭慕蘭那本於二〇〇〇年得到美國歷史學會費正清獎的重要著作《大分流》[6]，這本書跳脫以往的歐洲中心論，不再以西方的擴張為分析的視角。他主張一八〇〇年之前，中國與歐洲基本上在經濟發展的方向是大致相同的，此後，才有了分流。最主要的關鍵，不在於以往的技術的創新論點上，而是一種偶然性的因素，也就是所謂地理上的好運帶來的能源革命，以及海外人力資源的特權。這種論點，著實影響卜正民寫《縱樂的困惑》[7]、《維梅爾的帽子》，甚至近來的《塞爾登先生的中國地圖》[8]。

主導這場歷史變遷的，就是在明中葉以後成為民間主要流通貨幣的白銀。沒有白銀，十六世紀後期及十七世紀初期，就不可能出現中國商品的全球出口現象。有關這點，我們不妨找出包樂史（Leonard Blussé）的名著《看得見的城市：全球史視野下的廣州、長崎與巴達維亞》[9]，不僅引領我們看到這些白銀流通帶領的影響，更將三座城市的歷史與當時的跨國公司荷蘭東印度公司聯繫在一起。

中國與歐洲的需求，創造出白銀的大量流通，從而促使日本和南美成為兩大供應來源。十七世紀的全球經濟，基本上是圍繞著這個供需結構而形成。到了明中後期，白銀已經是通行全國，位居貨幣流通的主導地位。當明代的白銀儲存量與銀塊開採量不足以應付民間日益擴大的白銀需求時，海外的資源自然成為探尋的焦點。此時，舊的對外貿易模式——朝貢貿易已不能滿足國內需要，私人海外貿易蓬勃發展，直接刺激了日本銀礦的開採。在此同時，葡萄牙人於一五四〇年代到達日本，他們發現中日間的絲銀貿易可以獲得巨大利潤，遂開始積極扮演中介的角色，並將貿易範圍擴大到歐洲。

西班牙人到亞洲後，也發現了這項商機。一五七〇年代起，西班牙大量開採他們在南美洲波多西（Potosi）的銀礦，再經由墨西哥的阿加普科（Acapulco）轉運至他們在菲律賓馬尼拉的基地，以購買中國出口到此地的商品。其中，絲綢與瓷器是最主要輸出至歐洲的商品。此外，有些白銀是經由葡萄牙人之手，自澳門流入中國。

因而，白銀的故事將我們對於明清歷史的認識，擴大到全球史的脈絡下來觀看，唯有如此，才能看到海洋與明清帝國的關係。

## 物的流通

用「物」來寫歷史是《海與帝國》的另外一大特色。上田信這樣的物質文化的書寫特色，也反映在明清史的研究新趨勢上。近來的明清史有些新的研究課題，像是：「物質與消費」、「身體、醫療與社會」、「城市、空間與日常生活」、「感官與飲食文化」、「文化相遇」、「閱讀與出版」、「旅遊與書寫」、「雅俗與士庶文化」、「視覺與圖像」，以及「記憶與歷史」，這些課題除了以往的文化史取向外，許多研究是採取物質文化的視野。

《海與帝國》中有好幾個小節就是直接以物當作標題，像是：「蘇木環繞的海洋世界」、「以鹽建立的帝國」、「毛皮與帝國」及「鴉片與軍艦」。這些一個個看起來頗不起眼的物品，在上田信獨特的敘事筆法下，既微觀又宏觀。

其中我最喜歡的部分就是蘇木與毛皮，這或許也與我本身是研究清代的東北人參有關，對於這些談貿易打造的世界史特別敏感。上田信提到自永樂到宣德的十五世紀前半的海洋世界交易狀況時，他舉的就是琉球國尚氏中山王的例子。透過《歷代寶案》的史料，我們會看到一四一九年時，受命出訪的使者搭乘三艘外洋船，攜帶禮物，抵達暹羅國（阿瑜陀耶）後呈上禮物。根據出訪回國後的報告，對方的官府稱禮物太少，要官員購買瓷器，而且還搬出禁制條例，表示不許在當地任意購買蘇木。在往後的幾年，每年都會有琉球船派到阿瑜陀耶進貢。這批《歷代寶案》中收錄六年後的阿瑜陀耶給琉球國王回禮的書信，從中就可以看到贈禮清單中有三千斤的蘇木。

過往少有史家這樣寫這段歷史，尤其將焦點集中在蘇木上。上田信卻提醒我們，在解讀這些史料的同時，也能看出十五世紀前半期的海上世界。除了要了解最初製作這些文件的琉球王國外，也要特別留意在東南及南海上的蘇木交易。

「毛皮與帝國」那部分也相當精彩。上田信從晚明的《萬曆野獲編》談起，提到晚明每年在宮廷需要分發給大臣的貂皮有一萬張，狐狸毛皮約六萬張。這些皮是從哪來的？又怎麼取得的？從這則筆記資料，他將這複雜的中國東北的毛皮貿易網抽絲剝繭地展示給讀者。當時皇帝賜給大臣的毛皮中，最珍貴的就是黑貂皮，而將這項商品帶給中國和朝鮮的就是女真人。作者還提到，十六世紀，透過海洋有大量白銀流入中國都市，造就了一批富人階級，對於黑貂皮的需要也愈來愈高。這種需求與其說是禦寒，倒不如說是成為北京有錢階級的身分地位象徵。上田信說這些故事當然不只是談時尚、消費文化而已，他要談的反而是點出這樣的毛皮貿易需求對於建州女真勢力崛起的影響。因為掌握這些交易的政治集團，就是活動區域離中國最近的女真。

不只是中國，這種毛皮與帝國的故事還延伸到俄國政府。滿洲人在統治中國後，毛皮需求大增，俄國政府為與中國交易，從一六七〇年後，持續派使節團到北京交涉，從西伯利亞運到北京的黑貂皮一年高達一萬多張。事實上，當時的這種毛皮貿易已經是全球史的故事中的一環了。俄羅斯帝國此時轉向中國銷售毛皮，背後反映的是北美洲也開始出產毛皮，使得俄國市場萎縮，不得不銷往其他國家。

有關這部分，《維梅爾的帽子》有較清楚的交代。早從十七世紀開始，美國人、法國人與原住民彼此就為了毛皮一事，交戰不休。卜正民的這本全球史名著就有許多篇幅提到海狸皮的重要性。

然而，不只東北的毛皮與帝國的發展息息相關，其實人參也是。這部分上田信就完全沒有著墨，僅在第一章提到當從商業時代到產業時代時，產業化的方式之一，就是以國產化的方式製作寶物，或寶物的替代品，人參就是一例。他舉的例子是德川吉宗時代的日本，獎勵種植竹節人參來取代過去的朝鮮人參。

當時整個東亞的人參都有相當頻繁的流通，不僅是人參藥材，還包括與人參知識有關的各種專書。我在《人參帝國》一書中提到，十八世紀中葉以來的東亞，出版過許多人參專書，當時的朝鮮、日本及中國約有四十幾部這方面的書籍，可見這些東亞國家的醫藥知識與博物學的交流相當密切。唯有透過這些書籍的出版文化與醫學知識互動的研究，才可以讓我們了解當時東亞間的藥物知識與博物學交流的實際面貌。明清時期，東亞的中日朝鮮地區，經由人參消費的流通，彼此無論在消費知識與醫療知識上，都有頻繁的交流。

當然產業化的不只是人參、生絲，另外還有以出口商品的方式進行，像是日本出口到中國的海產，以及英國走私到中國的鴉片。有興趣的朋友可以看看第八章〈產業的時代〉提到的裝在草袋中的海產「俵物」的出現。當時在中國盛世的榮景下，對於乾燥海產出現了強烈需求，在一七一五年的「正德新制」下，鮑魚乾、海參、魚翅大量流入中國，成為宴會料理不可或缺的食材。

## 環境與地理

上田信過往在中國大陸做了相當多的田野調查，研究地域社會與環境史，因此本書在寫作上除了上述三個特點外，還特別強調環境與地理的因素。

在提到明朝初期有許多因政策而起的移民傳說，除了山西洪洞大槐樹移民傳說外，貴州、雲南也有。上田信舉了明初朱元璋攻打雲南的地緣關係的例子說明這件事是打造完整帝國的一大工程，以往很少有人以環境的角度來看雲南的重要性。雲南在歐亞大陸上有著非常重要且特別的位置，雲南南部與東南亞之間構成文化圈，西部則是自古就藉由「西南絲路」這條交易要道與南亞連結；與西藏高原之間則有著名的茶馬古道交易路線。此外，雲南是好幾個文化圈交集的地區，有人以「東歐亞的臍帶」來比喻。上田信在談明朝在此建立的政權統治體系時，還提到由於雲南有高山、溪谷，構成了複雜的地形，是由多個民族分居共存，因此在統治時並不容易。

上田信不僅在論述國家權力的擴展或海外移民，處處都提到了環境的特色與限制所帶來的各種影響與人文景觀形塑，本書還繪製了許多詳細的地圖讓讀者更容易有地理概念與空間感。這或許與上田信的訓練與田野調查特色有關，雖然這特色其他冊也有，但並未如本書繪製的地圖這麼多且如此精細。例如圓仁的旅遊路線圖、倭寇猖獗的地區圖、鹽城周邊地圖、南海貿易據點、東南亞的日本人街、利瑪竇的旅程、江戶時代對中國交易的四條路線、美洲大陸原產作物傳播世界圖、十八世紀互市體系下的中國沿海都市、江西商人交易分布圖等等，讓人印象深刻。

為了行文方便，我們將《海與帝國》的四種書寫特色：海洋、白銀、物及環境分別論述，但這不代表作者在寫作時是分開思考問題。相反地，本書處處可見這四種特色的影子。直到結論〈媽祖與明清歷史〉時，作者再度展現敘事的功力，將這四部分整合在一起，又回到了前言中所提到的昆明機場遇到花蓮媽祖進香團的故事以及他的疑問，並用以下這段話總結本書：「如果花蓮的神像中確實附著著媽祖的靈魂，在跟著鄭和橫跨歐亞海域，於南海及印度洋看過無數港灣的她，對於眼前麗江的風景又有什麼感想呢？聽完隨行信眾的說明後，當我再次凝視著端坐在機場長椅上的媽祖容顏時，明清五百年的歷史瞬間化為一道閃光竄過腦海——那正是媽祖遍歷歐亞大陸及海洋的旅程。」

看到這裡，我們終於明白一開始作者所鋪的梗的用意何在。的確，媽祖的故事就是明清帝國與海洋的五百年故事。

## 全球史視野下的海域史研究

由於《海與帝國》的日文版出來至今已十七年，這種透過海洋看明清中國的研究已愈來愈多，日本學界稱之為「東亞海域史」研究。其中，與上田信的著作最大的不同，在於這十多年來的研究已經採取新的研究視角——全球史的研究視角。這種標榜著全球史的觀點或名稱，是在《海與帝國》書中所沒有的。

這十幾年之間東亞海域史研究最大的成果就是東京大學小島毅教授主持的日本文部科學省大型計畫——「東亞的海域交流與日本傳統文化的形成」研究計畫。在這個計畫下成立了東亞海域史研究會，成員以歷史學、文學與哲學為主，二〇〇七年舉辦了第一次研討會，計畫期間出版好幾套叢書，展現出研究成果，像是「東アジア海域叢書」及「東アジア海域に漕ぎだす叢書」。根據團隊重要成員東大教授羽田正的說法，這些叢書的書寫有幾項特點，一是海域概念的引進與開闢新的世界史方向，二是時間序列史的相對化與歷史的模式化；三是團隊合作的研究，所有的議題及書寫都是共同討論出來的，而非以往的會議論文式地各寫各的。這些有關東亞海域的最新研究成果，我們現在已經有羽田正編的《從海洋看歷史》（廣場，二〇一七）可以參考。

## 注釋

1 Timothy Brook，*Vermeer's Hat: The Seventeenth Century and the Dawn of the Global World*，Bloomsbury Press; Reprint edition，2009。在台灣由遠流文化出版。

2 像是二〇〇八年桃木至朗編的《亞洲海洋史研究入門》是東亞海域史研究的重要入門書。其中共收錄有二十五位重要海洋史研究學者的文章。主題從海上帝國的中國、蒙古帝國與海洋亞洲、明朝的國際體系與海域世界、倭寇論，一直到東南亞的港市國家的形成、海陸的互市貿易與國家及海產物交易等主題。然而，這些海域史課題中卻不大容易看到上田信的名字，可見他以往並非這方面的專攻。

3 上田信，《森と緑の中国史》，岩波書店。

4 Daron Acemoglu, James Robinson, *Why Nations Fail: The Origins of Power, Prosperity, and Poverty*，2013，Crown Business。中文版由衛城出版，二〇一三年。

5 Jared Diamond，*Guns, Germs, and Steel: The Fates of Human Societies*，W. W. Norton & Company。中文版由時報出版，二〇一九年，二十五週年典藏紀念版。

6 *The Great Divergence: China, Europe, and the Making of the Modern World Economy*，Princeton University Press，2001。中文版由衛城出版，二〇一九年。

7 *The Confusions of Pleasure: Commerce and Culture in Ming China*，1999，University of California Press。中文版由聯經出版，二〇〇四年。

8 *Mr. Selden's Map of China: The Spice Trade, a Lost Chart and the South China Sea*，Profile Books Ltd，2015。中文版由聯經出版，二〇一五年。

9 *Visible Cities: Canton, Nagasaki, and Batavia and the Coming of the Americans*，Harvard University Press，2008。中文版由蔚藍文化出版，二〇一五年。

# 6 大清帝國與內亞

## ——日本的新清史

這本八旗在二〇一八年十月出版的《大清帝國與中華的混迷：現代東亞如何處理內亞帝國的遺產》，不是一般的大清帝國通史，而是一本清帝國的政治外交史。如果一般讀者想透過本書對清帝國的歷史有通盤的理解，應該會有點失望，因為這本書的主題，是從當代東亞政局的角度去思考大清帝國的興衰，政治外交才是它的焦點。因此，在這本書中，社會結構、地域、宗族、日常生活、民間信仰、城市、消費文化通通不見了。這樣的視角其實與作者的政治學訓練背景有關。

本書作者平野聰教授，台灣讀者應當很陌生，就連明清史學界也未必對他熟悉。平野聰是東京大學法學政治學研究科教授，專攻東亞的政治外交史。與一般日本治清史的歷史學者不同，他的博士學位是東大的法學博士，博士論文題目是《「皇清的大一統」與西藏問題》（二〇〇二）。在此基礎上修改後，二〇〇四年經名古屋大學出版社出版，書名改為《清帝國與西藏問題：多民族統合的成立與瓦解》，此書曾獲得該年的「三得利學術獎」（サントリー學芸賞）。他的著作並不算多，歷來的專書有這次八旗的這本收在「興亡的世界史」第十七冊的《大清帝國與中華的混迷》（二〇〇七講談社，二〇一八講談社學術文庫），以及二〇一四年的《「反日」中國的文明史》。

作者擅長思考當代東亞的政治外交議題與過去歷史的連結。他認為「東亞」的概念不是固定不變且有普遍認識的，因此提到東亞時都加了上下引號，以「東亞」顯示。作者認為在思考「東亞」各種問題時，絕不能將「東亞」印象當作是一種常識，更不能落入「中國史」、「日本史」、「韓國史」的框架。到底該怎麼做，才能更妥善地說明各種觀點的地區史呢？平野聰認為，至少應當以誕生出這些彼此矛盾主張與發想的土壤為核心，來思考為什麼這些區域會出現這些矛盾與對立？若要避免，該怎麼在這個過程中記取教訓？唯有如此，才能跳脫民族國家的框架，以對等的立場，來討論這史上前所未有的「東亞」問題。

本書重點就在探討前近代「東亞」，或者廣大的亞洲裡，曾經具有巨大影響力的清帝國的輝煌史及悲壯的衰敗過程。在二〇〇七版的後記中，作者提到，這本書是以他二〇〇四年的博士論文、「亞洲政治外交史」大學課程，以及一些市民講座為基礎，修改而成。作者探討的重點和一般的清史著作不同，他關注的重點在於，大清帝國是如何從一個內陸亞洲帝國轉化為近代東亞帝國，以及如何從多元文化的帝國發展成「中華」社會的近代國家。整本書的書寫策略就是集中在作者的老本行——清帝國的政治外交史。到了二〇一八年文庫本的後記，作者更明白地透露出，這書本質上就是透過儒學、藏傳佛教、近代主義等不同文明相互衝突的觀點，來述說清帝國的盛衰枯榮過程。

一開始，作者就從當下的問題引導大家進入清帝國的世界。對清帝國而言，什麼是「天下」？什麼是「世界」？什麼時候又變成「中國」，作者都有其獨特的觀點。所謂「天下」變成了「世界」，而「世界」也從「天下的中心」轉為「世界的一部分」，這種我們今日的稱呼，有一定範圍劃出地區的國家——近代中國，便是在晚清才誕生的。此後，被稱作「中國史」的新歷史觀被創造出來，並開始置入、排序過去的所有事件。要了解現在的局勢，就必須將歷史場景拉回到大清帝國的發展史來看。

平野聰認為，當今稱作「東亞」的地區，仍遺留著過去至今的歷史認知問題，並處於要選擇共存還是對立的巨大十字路口。二〇〇五年，中國、韓國的民族主義者為了阻止日本成為國際社會的代表性存在，使得「東亞」充滿激烈的反對運動。這不僅限於「東亞」，也擴散到整個國際社會。換言之，今日的「東亞」陷入一種只要國家、地區的交流愈是擴大，就愈可能激化相互對立的局面。

對於「正確的歷史認識」是由誰決定的？平野聰的看法是，真正有意義的，是探究為什麼會有這些不同的「正確說法」出現，以及在各種不同主張、議論的背後，究竟有什麼主要原因存在。此刻需要的，不是讓對方接受另一方所主張的，而是有一種能夠在腦海中真實浮現「共存」與「對立」兩種概念的歷史想像力。

對他而言，「東亞」不是個不證自明的概念。日本自明治維新以來，對於「東亞」各國幻滅的態度，其源頭來自於對「東亞」架構的重視及期待，是期待與現實的巨大落差所產生的心情。說明了日本人與「東亞」架構之間所不可分的關係。當今日本人腦中所浮現的「東亞」形象，未必與中國、韓國人相同。「東亞」概念已無法涵蓋「東北亞」歷史。中韓的邊境問題，則是在不屬於漢字文化圈的騎馬民族生息空間與朝鮮半島間相互接觸所產生的。這個問題是非漢字文化的國家或區域的相互關係，因此，也無法從「東亞」印象加以探討。

由於《大清帝國與中華的混迷》的預設讀者是日本人，作者特別關注日本人怎麼看待這些問題。日本人是怎麼看待這些問題？首先，不屬於「東亞」的滿洲人建立了清。併吞了漢人的領土，形成一個巨大的帝國。接著近代中國的民族主義者雖然厭惡並否定滿洲人的支配，但仍以對自己有利的方式在解釋，把滿洲人建立起的帝國當作是「中國史的範圍」、「中國不可分割的領土」，因此才有這樣的演變結果。或許，日本人習慣以「東亞」的地區印象來討論「東亞」各種問題，就存在著對歷史認識的障礙。

有關台灣在這段歷史發展中的角色，作者也在導論中提到。他認為台灣社會很難納入「東亞」的框架來討論，主要原因在於台灣在歷史上所特有的「邊陲」特性，也稱為文明、文化上的交叉點特性。

透過本書內容的一些關鍵字，也可以看出與其他相類似主題著作的不同，像是：東亞、華夷思想、萬里長城、中華帝國、內亞帝國、盛京、內亞色彩、種族滅絕、地政學、藏傳佛教、準噶爾、轉輪聖王、滿洲和平、中外一體、外八廟、金瓶掣籤制度、廣東制度、近代東亞帝國、萬國公法、國際關係、國家主權論、中國、近代國民國家等等。

我上述的觀察，也可以在日本學界的看法中找到。目前在京都大學人文科學研究所任教的山崎岳教授，曾在二〇〇七年的一篇明清史研究回顧中如此評價平野聰：「平野聰《大清帝國和中華混迷》是一部啟蒙書，作者是清朝王權論方面的主要研究者之一。無論好壞，作者的個性在書中表露無疑，與以往的關於『清代中國』的概要性著作相比，其內容大不相同，地政學的宏觀敘述方式也是其魅力所在。」

就我而言，這本書有以下幾點特色值得台灣讀者關注：

## 一、政治外交史的關懷

這不只是一本歷史書，也是一本透過歷史來反思當代東亞各國政治外交發展的書。作者的現世關懷層面相當濃厚，行文常夾議夾敘，處處可見透過歷史來看當代東亞的國際關係；有時也會反過來透過當代的現象來提出對歷史的觀察。像是第二章提到「轉輪聖王」所牽涉的北京與拉薩時，作者就認為當代的這兩者兼有國際關係的思考模式存在，因此討論「中國主權」還是「西藏主權」都是毫無意義的。平野聰認為，不論是好是壞，去思考原本由「清在政治、軍事上帶有模糊要素的統治方式」，與「連皇帝都牽涉其中的藏傳佛教世界」所巧妙融合出的狀況，究竟是經歷了何種因果關係，才造就「主權」與「主權」，抑或是「中華」與「獨立文化」相抗衡的結果，對我們去了解清帝國的興亡，這些才是必要的。

此外，在導論，作者提到自己在一九九〇年參加東京大學講座時，中韓兩國留學生針對高句麗問題展開激烈辯論的往事。之後甚至引發成政治問題，起因於中國根據歷史研究成果，將高句麗王朝定位為「中國的地方王朝」，並試圖寫進教科書中。這背後的意圖是，一旦朝鮮半島發生動盪，在韓國主導下，雙方統一的話，這個地區有可能出現歸屬問題，因此中國才會將高句麗王朝，放進以中國的支配為基礎的「中國史框架」中。

有時平野聰在論述時很容易帶入個人的主觀立場與情緒，這在一般日本的學術著作中較為少見。在談到雍正皇帝與《大義覺迷錄》時，更直接表明：「筆者長年懷著『建立於華夷思想的歧視性帝國，真的能夠具備將不同人們結合的魅力嗎？這種事在歷史上是存在的嗎？』的疑問，於是第一次看見雍正皇帝對華夷思想做出如此鮮明的批判時，便不禁令筆者大喊快哉。」

## 二、內亞帝國的視角

本書所關注的清帝國並不是台灣讀者所熟悉的漢中心觀的中華帝國，而是採取內亞帝國的視角。作者認為，清從一開始就是以「內亞帝國」的姿態崛起，並在後來發展擴大，絕非一般日本人所認為的像是「東亞的中華帝國」或「歷代中華帝國的最後王朝」之類的國家。最有力的證明，就是清一手打造的版圖，即是現代的中華民國、中華人民共和國所承繼下來的領土。

透過清帝國與蒙古、西藏及新疆的互動，作者主張，若認為中華文明自古以來就在這些區域開花結果，並經歷各王朝的更替後，成就了近代中國，這是一種相當短視，只看結果的想法。因此，單純地將清帝國看作是「中華帝國」是有問題的。這之中的有些論點是近代中國的民族主義者在中國史框架下建構出來的，進而強調這些是「不可分割的領土」與「理當統一的領土」。作者提醒我們，若真要了解這箇中的複雜性，就要去理解這些與漢字、儒學不是一個文化圈的人們，清帝國時究竟是如何與清產生聯繫的？

## 三、地政學看清初

從地政學角度，平野聰認為，至明的極盛期，漢人地區的高生產力與白銀在國際間的高流通量所帶來的鉅額財富，滿足了明帝國透過經營朝貢貿易來作為「天下之主」、「中華」的自負心態。在此同時，也引發了倭寇襲擊、豐臣秀吉出兵朝鮮、薩摩藩實質掌控琉球、鄭氏父子割據台灣，以及明在北方與女真、蒙古的對立，乃至後金的崛起。這些都顯現這個號稱「中華正統」的帝國帶動了周邊地區的經濟與文化活絡。

直到康熙皇帝的遷海令，一方面掌控了沿海區域及至東海海域世界的人與物交流的孔道，也堵死吳三桂等漢人地方勢力的坐大，並將蒙古、西藏與清之間的內亞關係視為是最重要的事務。平野聰認為，清開始支配漢人區域，代表漢人社會從「東亞」的中心轉變為內亞的邊陲地帶，此後很長一段時間，清都是以內亞帝國的姿態在統治帝國。

## 四、藏傳佛教的關注

由於清與西藏關係是作者的研究專長，這部分的論述占了全書相當大的篇幅。作者認為，在清還是內亞帝國時，西藏是所有游牧民族篤信的藏傳佛教中心，而在牽制受到朱子學、華夷思想這種原理主義所影響的漢人，表示出「即使不是漢人，也能擁有美好文化」這點上，藏傳佛教是很好的範本，是最能夠給清帝國展現特色，也是穩定帝國的基礎之一。

平野聰還特別強調，清帝國的發展，主要是透過皇帝將內亞人民與漢人結合起來，其結果與「中華帝國」無關。反而是信仰佛教的滿洲人在拉攏蒙古人的騎兵兵力作為同盟者的過程中，被捲入角逐藏傳佛教守護者寶座的內亞競爭，或者是一種權力政治後的結果。

## 五、維持巨大版圖的關鍵

平野聰認為，清帝國之所以能夠長期保有巨大的版圖，是由於皇帝針對各民族、文化的情況，做了不同的考慮與處理才得以實現。換句話說，清皇帝不會強加特定的價值給這些民族，而是貫徹尊重各宗教文化所產生的社會型態。這點其實與近年來美國「新清史」學界所說的論點極為相似，其實，正本清源，日本才是新清史學派的鼻祖，很早就從關注滿文資料及邊疆問題著手來研究清帝國，所以與以往傳統的漢化觀點不同。只是美國的新清史「四書」這幾位學者在此基礎上，做了更細緻的研究。

## 六、從內亞帝國到國民國家的轉變

作者在最後一章探討清如何從一個內亞帝國轉變為國際關係體系裡的東亞國家的經過。作者認為，由於東海海域因為世界局勢的變動，吸引了世界各國的政治介入後，使得清帝國在發展上從內陸亞洲完全轉向東亞這個層面。受到鴉片戰爭的衝擊到洋務運動加強海軍的變動過程，以及之後的甲午戰爭的失利，引發了激烈的民族主義，才開始由帝國走向主權國家時代。

總體來看，作者在探討清帝國如何從一個內亞帝國轉變至進入近代東亞史的國民國家的過程中，時時刻刻在喚起閱讀這段歷史的讀者們，要切記在面對現實狀況時，能夠以冷靜、深刻的角度去思考國家或社會的命運發展古今大多一致。平野聰特別強調，他堅信唯有讓公民去學習世界史，去了解各帝國、各文明的演變，才是東亞各國，避免重蹈歷史覆轍的不二法門。

最後平野聰在結論強調，我們究竟該如何評價這個大清帝國，以及這個取代清帝國的近代國民國家中國？唯一的解答，在於東亞各國的民眾應該先摒除自己是「比較文明」的看法，讓過往與「文明之間的距離」不再成為國與國之間的問題。放下成見，相互接納，務實地累積交流成果，才是未來需努力的方向。

然而，本書這樣的特色雖然強調了政治外交史的脈絡，卻忽略了其餘社會文化史及全球史的面向。讀者若想要進一步在此基礎上對大清帝國的歷史有更深入的了解，以下幾本著作或許是不錯的選擇。像是上田信的《海與帝國》就特別從海洋、物、環境與地理的視角觀看明清帝國；而哈佛帝制中國史系列最後一本《中國最後的帝國：大清王朝》，作者羅威廉（William Rowe）更談到當代西方史學研究中，有關清帝國的研究如何從「社會史轉向」、「內亞轉向」到最新的「歐亞轉向」（強調生態史、世界史）。作者在書中既談帝國擴張、盛清文化、仕紳、族群、人口，也談商業中的都市化、朝貢貿易與經營革新。

此外，由於平野聰所談的政治外交史，較多是皇帝的王權與對外政策，對於宮廷涉及的有限，有興趣的讀者可以找羅友枝的《最後的皇族：滿洲統治者視角下的清宮廷》

來補充，裡頭對於宮廷的物質文化、社會結構、家族政治、皇族女性、奴僕、祭典及禮儀都有深入探討，是了解大清帝國的宮廷社會文化史不可不讀的好書。

最後，近年來新清史的成果逐漸受到大家重視，也引發相當多的討論，關於這方面，劉鳳雲、劉文鵬合編的《清朝的國家認同：「新清史」研究與爭鳴》（中國人民大學，二〇一〇）可視為是這方面的代表，但論述的多為美國與中國學者的作品，平野聰的《大清帝國與中華的混迷：現代東亞如何處理內亞帝國的遺產》的中文本出版，或許可以為這方面的論戰，帶入近二十年來日本學界的大清帝國研究成果，進而開啟另一個面向的對話。

# 7 全球史視野下的廣州、長崎與巴達維亞

這是一部美國著名漢學家費正清（John King Fairbank）的十九世紀通商口岸城市研究所沒有說的故事，說它是前傳也行。談起廣州、長崎與巴達維亞，你會聯想到什麼？一般人可能不大會將這三座城市連在一起。《看得見的城市》談的就是十七、十八世紀中國海區域的這三個港口城，如何扮演著爪哇、中國與日本大多數地區門戶的故事。

我們可以用簡單幾句話涵蓋這本書的大意：「十七、十八世紀季風亞洲區的三座港口城市：廣州、長崎與巴達維亞裡，東西方奇異地相遇了。荷蘭東印度公司帶來的歐洲貿易者，伴隨著中國海的私人貿易，進入東亞及東南亞。在這塊南中國海湛藍的水域裡，滿布著來自各地的闖入者、散商、海盜、走私客，這種型態的貿易方式，後來影響了全球政治與工業革命，並揭示了全球發展的區域性影響。」

本書作者包樂史，研究台灣史或海洋史的學者應該都不陌生，他可是國際上著作等身的歷史學家，國內許多研究荷西時期台灣史或中國海洋史的學者，像是曹永和、翁佳音、陳國棟、康培德、劉序楓、鄭維中、李毓中、邱馨慧及查忻等人多少與他有過學術往來或受其著作啟發。包樂史於一九四六年出生於荷蘭，學生時代曾到台灣和日本進修學習漢語與亞洲歷史。一九七二年獲得荷蘭萊頓大學的博士學位，曾任日本京都大學人文科學院研究員及萊頓大學印度尼西亞研究計畫主任，現任萊頓大學歷史系教授。他從中學起，就開始學習各種語言，奠下日後他在研究時，嫻熟地將各種語文如中文、日文、印尼文、荷蘭文及法文、德文運用在寫作中。

包樂史的專長為東亞與東南亞近世史、海外華僑史及全球史。除了大量有關荷蘭東印度公司台灣檔案及巴達維亞華人公館檔案的編纂外，著有《公司和貿易：法國大革命之前的遠洋貿易公司論文集》、《奇怪的組合：荷蘭東印度公司控制時期的巴達維亞的中國移民、混血婦女和荷蘭人》、《歷史的朝聖者：與歐洲擴張史學者們的私人談話》、《彌合分歧：荷日關係四百年》等等。其中，翻譯為中文的著作有：《《荷使初訪中國記》研究》（一九八九）、《中荷交往史》（一九八九）、《巴達維亞華人與中荷貿易》（一九九七）、《巴城公館檔案研究：十八世紀末巴達維亞唐人社會》（二○○二）、《航向珠江：荷蘭人在華南（一六○○－二○○○）》（二○○四）、《苦澀的結合：十七世紀荷蘭東印度公司的一齣離婚戲劇》（二○○九）。

本書為包樂史近年來的最新著作 *Visible Cities: Canton, Nagasaki, and Batavia and the Coming of the Americans* (Harvard University Press, 2008)，簡體字版《看得見的城市：東亞三商港的盛衰浮沉錄》已於二○一○年由浙江大學出版。本書主要是在簡體字的基礎上，重新審訂編輯而成。除了內文的修訂外，最大不同在於我們刪除簡體字版包樂史專為中國大陸讀者所寫的序言，並放回了原先簡體字刪除的英文版前言。此外，原書中的數張海船、城市、地圖及人物圖像，也重新購買版權置於正文中，刪除浙大另外挑選的廣州及長崎的港口圖片。

包樂史有這麼多著作，為何會選中這本？最主要原因是本書內容源自作者在哈佛大學費正清中心的「賴世和講座」所做的三場主題演講，這三場基本上已經將包樂史過往的研究精華涵蓋在內。本書篇幅不長，作者以全球史視角為我們描繪出一幅十七、十八世紀中國海的三港口城市的貿易往來圖像，故事相當吸引人，頗符合我們公眾史學書系的宗旨。

本書一開頭，就透過小說家卡爾維諾《看不見的城市》的故事，拉開整本書的序幕，也點出了本書主標題《看得見的城市》的特別含意。若和卡爾維諾的小說那座「看不見的城市」相較，作者將廣州、長崎與巴達維亞稱為「看得見的城市」，就是要凸顯出沒有任何十八世紀的亞洲城市，比它們更頻繁地被以文字及圖像記載下來。

由於講座的地點是哈佛大學的費正清中心，包樂史認為這個學校的學者，近來似乎忽略了季風亞洲的海洋史研究的重要性；而通商口岸體系的開創性研究正是該校早期推動東亞歷史研究厥功甚偉的費正清教授的重要成就，因而在此談論這課題，格外具有特殊意義。

就架構而言，包樂史和近來上田信頗受注目的海洋史著作《海與帝國：明清時代》一樣，很明顯受到布勞岱的「地中海研究」架構影響。這位法國年鑑學派的創始元老的名著《地中海》強調人類社會存在著三種不同的時間量度，歷史時間可分為長、中、短三種不同時段。長時段指在一個相當長的時間內起作用的那些因素，例如地理空間、生態環境、氣候變遷、社會組織等。中時段則指構成社會生活的主要內容，強調經濟與社會的重要性。第三種為短時段，指的是事件的歷史。換個角度看，就是將歷史時間分為地理時間、社會時間及個體時間。

以布勞岱為仿效對象，包樂史開宗明義地形容全書是以宏觀的視野引發讀者興趣，然後以關鍵發展當主菜，再以個人的際遇作為甜點來收尾。因而，我們見到，他在首章談的是中國、日本及印度尼西亞群島三地見證了十七世紀的中、日政權的更替之後，廣州、長崎與巴達維亞三港口城市在中國海發展的輪廓。他談論的主要是背景的部分，其中重點有：研究的海域範圍、時間框架、港口城市、中國海上疆域、官方機制、解禁荷蘭東印度公司的到來、中國海洋政策的轉變等等。在這部分裡，作者清楚地描繪出在這樣的背景之下，歐洲人在亞洲海上貿易的擴張，中國海域發生的重大變化。包樂史在這些錯綜複雜的海域分流與合流現象中，讓我們見到區域與全球勢力的互動與連結，而最終獲利者，原來是活躍於各地的中國私商網絡。

主軸清楚之後，作為主菜的第二章則處理這三座城市邁入十八世紀後的分歧發展軌跡。包樂史開始讓我們見識到這三座港口城呈現的景象。他關注的問題有：各地政府如何管制並以特殊手法控制這種型態的國際貿易？這些港口交易著哪些商品？

第二章是全書分量最多的部分。在管理方面，到了清朝，廣州的進出口稅收做法有行政上的調整，亦即將稅收事務轉交給公行的商人。在日本長崎，幕府則採取較另外兩地更為實際的做法，也就是以幕府將軍為中心，透過「絲割符政策」控制進口絲價，並設有長崎會所將財務往來收歸在自己手中。

巴達維亞則又是另一種型態，這座城市基本上既是荷蘭東印度公司亞洲貿易網絡的前哨站；也是荷蘭殖民帝國的首都。這個有著「東方女王」稱號的城市，在季風亞洲的海域上，統治著一個擴張及貿易的商業帝國。作者不僅談這座城市如何興起，也說到城內曾經發生過的種族衝突所造成的華人大屠殺事件。至於一般史家較少關注的城市崩壞的故事，本書也提出看法，認為十八世紀末的巴達維亞的熱帶疾病或傳染病，尤其是淤積的河口提供了瘧蚊的大量繁殖，造成每年大量人口的死亡，促使城內居民不得不往內陸遷移。

這部分的故事中，我格外感興趣的是長崎的這一段，或許是受到近來新聞的影響。國際大導演馬丁・史柯西斯（Martin Scorsese）將日本作家遠藤周作（一九二三－一九九六）的歷史小說《沉默》改編為電影，二〇一五年在台灣拍攝部分場景。這故事講的就是德川幕府時代禁教令下，葡萄牙耶穌會傳教士偷渡到長崎傳教並調查恩師棄教的故事。包樂史的重點當然不在葡萄牙，而是繼他們之後，從平戶移到出島的荷蘭人的故事。

透過長崎，包樂史談到了一般我們所知甚少的日本與荷蘭人打交道的貿易方式。像是絲割符制度、市法商法、小判銀幣、長崎會所、蘭學，或者是荷蘭人到日本後，會找來翻譯團隊，蒐集資訊，寫成「荷蘭風說書」這樣的資料。日本人在沿海水域，做到了中國人在廣州所未能做到的事，亦即幕府藉由控制得宜的權力制衡，徹底掌控了軍事與經濟事務。

包樂史相當擅長綜觀全局，以全球史及比較視角透視這三座城市。他不像那些如《哥倫布大交換》、《槍炮、病菌與鋼鐵》、《一四九三》等書籍過度單一地強調物種交流的重要性，也不像《國家為什麼會失敗》一再地強調「笨蛋，問題在制度」，而是將諸多因素一起考量。像「茶改變世界」那一小節，包樂史就提到廣州的貿易如何被單一的茶所支配，不僅加速了英國人對印度的征服，也導致美國的獨立戰爭。當然，在這波的全球衝擊下，荷蘭東印度公司愈來愈難賣出品質較差的茶葉。多少也就是在荷蘭設置了中國委員會，繞過了過往的這座「東方女王」的轉運功能，改為直接經營荷蘭與廣州間的貿易後，巴達維亞喪失了既有的命運。此外，美國人來到東方的這段故事，雖然不是此時的重點，但也不能忽略其重要性，包樂史也做了頗為精彩的論述。

若說到這部分商品的特色，讀者覺得包樂史只點到為止，還意猶未盡的話，建議可以搭配卜正民的《維梅爾的帽子》一起閱讀。他是一位相當會說故事的史家，功力與美國著名中國史學者史景遷不相上下，但兩者相較，卜更具有全球史的視野。

卜正民擅長將看似不相干且極為複雜的歷史圖像編織成一張清晰的歷史網絡，凡看過《維梅爾的帽子》[1]的人，應當都會對他所描繪的十七世紀的全球貿易圖像感到佩服。這書的前言〈從台夫特看世界〉一開始就引領讀者走進十七世紀荷蘭小城台夫特（Delft）的歷史時空。因為這個地方正好是荷蘭畫家維梅爾（Johannes Vermeer）的居住地，而他那些風土人情的傑出畫作中的物品，又是指引我們將歷史考察的視線投向十七世紀全球貿易網的最佳入口。

透過維梅爾的〈在敞開的窗邊讀信的少婦〉，畫中的一只中國瓷盤是一道門，讓我們走出維梅爾的畫室，走向從台夫特通往中國的數條貿易長廊。一五九六年，荷蘭讀者從林蘇荷頓（Jan Huyghen van Linschoten）筆下，首次認識中國瓷器，他的遊記啟發了下一個世代的荷蘭世界貿易商。十七世紀初，荷蘭人瓜分了原先葡萄牙及西班牙人掌握的中國瓷器貿易路線，荷蘭東印度公司的船隻從亞洲運回的瓷器，總數超過三百萬件。這些瓷器對歐洲人而言有如寶物，在歐洲，中國的物品帶來較大的衝擊。東印度公司運回歐洲的瓷器屬於虛榮性消費的昂貴商品，買得起的人屬於少數。受到這股中國瓷器風的影響，以往買不起的人，也開始購買一些台夫特陶工的仿製品。

《看得見的城市》的最後一部分，則舉出幾位精彩人物的探險，呈現出他們生活年代的差異性。這是全書中最引人入勝的一段。這種宏觀中帶有微觀的視角，近來已經成為全球史研究中的話題。

已有學者呼籲世界史的研究者要注意個人的生命史，進而提倡「全球微觀史」的研究取向。近來以《決戰熱蘭遮》一書受到注目的史家歐陽泰（Tonio Andrade）在〈一個中國農人、兩位非洲青年及一位軍官：全球微觀史的研究取向〉一文中就提出了該如何從全球的視野來寫個人歷史的問題。[2]他舉了三本著作為例，分別是史景遷的《胡若望的疑問》、琳達・柯利（Linda Colley）的《她的世界史：跨越邊界的女性，伊莉莎白・馬許與她的十八世紀人生》及新文化史重要史家娜塔莉・澤蒙・戴維斯（Natalie Zemon Davis）的《行者詭道：一個十六世紀文人的雙重世界》。[3]這些著作為了要探討文化間的聯繫及全球的轉變，他們的焦點都集中在一位於不同文化間旅行及探險的旅行者身上。這種研究取向使得這些書都有趣易讀且令人印象深刻，因而擁有廣大的讀者群。歐陽泰期盼世界史家能嘗試以全球的脈絡來研究個人的故事。文中，他講述的是一個有關中國農人、兩位非洲男孩、兩位爭執不休的荷蘭商人及一位中國軍官的故事。所有這些人物都被捲入十七世紀巨大的跨國貿易及跨文化互動的時代浪潮中。

這樣的故事，我們在包樂史的最後一章也可以見到。

他再次強調布勞岱所謂「個體的時間」的概念。他認為唯有聆聽曾經居住在這三個港口的人們的聲音，我們才能對這三座城市有所感受。這些中國人、日本人及荷蘭人，是如何見證他們所居住的這些城市的時光？在有限的人生經驗中，他們又如何反映出這些港口中工作與生活的人們的日常生活？在中國經驗裡，他舉出了王大海的例子，認為華人對於西方的事物較不感興趣。至於日本人，透過蘭學者，可以看出他們在言談之中，經常提到他們與荷蘭人、西方器物及各種新發明的因緣。

這章最精彩的地方在於透過三位荷蘭人蒂進、多福及范伯蘭的角度來觀看西方人對中國及日本的印象。包樂史並非是在推崇這些人物在那個時代所扮演的決定性特殊角色，而是基於他們正處於一個時代的洪流中，目睹了荷蘭東印度公司的最後日子，為他們混亂的生存年代，留下了生動的寶貴敘事。

在全書結尾，包樂史點出了十八世紀九〇年代之後，全球變遷的效應因中國南海的貿易而有了轉變，除了英國之外，所有的歐洲遠東貿易者，都因與法國的戰爭而抽離開市場，美國人也很快地取代了他們的位置。簡單地說，歐洲人的失敗就是美國人的成功。要搞懂這段新的故事，如同包樂史所說：「就去讀讀費正清的書吧！」

一如《維梅爾的帽子》所強調的，有時歷史該著重的不在於一邦一國的國別史或區域史，而該將視野擴及幾個大陸間的物品流通。本書進一步引用十七世紀英格蘭詩人兼神學家約翰．鄧恩（John Donne）的名言「人非孤島，無人可以自全」，來說明十七世紀的世界觀。在一六二三年鄧恩寫下那首詩之前，世界是一個個彼此隔離的地方，以致某地發生的事，完全不會影響其他地方情勢，但在那之後，人性共通這個觀念開始出現，共同歷史的存在成為可能。鄧恩對十七世紀大陸的比喻，一如佛教的因陀羅網

（Indra's net）的比喻：每個泥塊、每個珠寶，每個喪失與死亡，每個誕生與生成，都影響了與之共存的每一泥塊和珠寶。這種世界觀要到十七世紀才得以想像。

同樣地，包樂史這本《看得見的城市》的敘事要較《維梅爾的帽子》更進一步，透過全球史的視野，讓我們看清楚十七、八世紀以來廣州、長崎與巴達維亞這三座港口城市的盛衰起伏。相較於以往的書籍，他不僅強調貿易商品如絲綢、茶等物質文化，更強調背後的地理空間、生態環境因素，更將制度與貿易間的關聯，做了深入淺出的綜述。歷來，我們習慣將台灣史、中國史與世界史作為三個不同發展歷史的區塊，各自論述，我想這三座城市的全球史書寫，肯定為我們立下了最好的示範。

各位讀者看完此書，若對各部分細節歷史有需要再進一步加強的，建議可以閱讀以下幾本進階版著作：羽田正的《東インド会社とアジアの海》（講談社，二〇〇七）、羽田正編《海から見た歴史》（東京大學出版社，二〇一三）、上田信的《海與帝國：明清時代》，以及亞當．克拉洛（Adam Clulow）的《公司與幕府：荷蘭東印度公司如何融入東亞秩序，台灣如何織入全球的網》。

## 注釋

1 卜正民著，黃中憲譯，《維梅爾的帽子：揭開十七世紀全球貿易的序幕》（台北：遠流，二〇一七）。

2 Tonio Andrade, "A Chinese Farmer, Two African Boys, and a Warlord: Toward a Global Microhistory," *Journal of World History*, 21:4 (Dec 2010), pp. 573-591.

3 Jonathan Spence, *The Question of Hu* (New York: Vintage Books, 1989); Linda Colley, *The Ordeal of Elizabeth Marsh: A Woman in World History* (New York: Happer Collins, 2007); Natalie Zemon Davis, *Trickster Travels: A Sixteenth-Century Muslim Between Worlds* (New York: Hill and Wang, 2006).

# 8 一幅畫裡的物質文化看十七世紀全球貿易

卜正民和史景遷都是相當會說故事的史家，有人說只要給史景遷一本電話簿，他可以從第一個人編故事到最後一個人，此話雖有些誇張，但正凸顯他的敘事功力。其實，卜正民鋪成故事的功力不輸史景遷，他擅長將看似不相干且極為複雜的歷史圖像編織成一張清晰的歷史網絡，凡看過《維梅爾的帽子》的人，應當都會對他所描繪的十七世紀的全球貿易圖像感到折服。《維梅爾的帽子》的前言〈從台夫特看世界〉一開始就引領讀者走進十七世紀荷蘭小城台夫特的歷史時空。為何這本書要從台夫特說起？大多數讀者剛開始可能會摸不著頭緒。但卜正民在導論告訴讀者，這純屬巧合，剛好只是因為他二十歲那年夏天，不小心在這個城市騎車摔倒，才偶然開始留意這個地方的歷史遺跡的特色。他說：「我可以提出許多理由，說明十七世紀人類生活跨文化轉變的全球史為何一定要從台夫特開始談起，但那些理由並無法讓人相信，台夫特是唯一一個該作為問題探討的開端。」碰巧這個地方正好是荷蘭畫家維梅爾的居住地，而他的那些風土人情的傑出畫作中的一些物品，又是指引我們將歷史考察的視線投向十七世紀全球貿易網的最佳入口。也因為如此，荷蘭小城台夫特自然而然成為卜正民編織一張十七世紀全球貿易史網絡的最佳起點，這是巧合，也是傑出史家的慧眼獨具。

卜正民和史景遷一樣，兩人的研究不僅受到學界重視，也廣受一般閱讀者的喜愛。這種受重視的衡量標準不僅在於他寫的書的學術價值，還要看它在一般書市受歡迎的程度。此時，我們就要看看是哪些書評家為他們寫書評，以往的李孝悌或近來的楊照都是指標之一。要了解這本書，先要了解卜正民這位歷史學家的研究取向的變化。凡讀過他那一九九三年出版的宗教社會史著作《為權力祈禱：佛教與晚明中國士紳社會的形成》（*Praying for Power: Buddhism and the Formation of Gentry Society in Late-Ming China*）的人，很難會將這本書和日後的幾本著作的寫作風格畫上等號。換句話說，從出道至今，這位史家的研究方法和研究課題有很大的轉變；而這種轉變似乎又與歐美史學界這二十年來的文化轉向息息相關。在卜正民身上，我們看到的研究取向的變化正是從社會史到文化史的轉變。事實上，若仔細對照，我們可以從卜正民的上一本書《縱樂的困惑：明朝的商業與文化》（*Confusions of Pleasure: Commerce and Culture in Ming China*）找到《維梅爾的帽子》的部分相似之處。我們建議想要很快地理解《維梅爾的帽子》的關鍵問題的讀者，或許最好先讀讀《縱樂的困惑》這本書。這本書在二〇〇〇年獲得「李文森中國研究最佳著作獎」，它不是一本經濟史著作，而是一本以文化史角度處理的明代商業史。讀者不要一拿起《縱樂的困惑》就從第一章「冬」讀起，最好直接翻到「對外貿易」那一小節，從那一節中，讀者可以初步了解晚明的商業是如何和十七世紀的貿易史搭上線的。有了這個基礎的認識，我們才能進一步去理解卜正民是如何讓我們從一幅畫去看十七世紀的全球貿易。

卜正民在書末提到本書不是一本專為中國史專家而寫的著作。《維梅爾的帽子》比較像是一本全球史或世界史的書，而中國成了引領我們進入十七世紀的世界史最好的窗口。十七世紀的歐洲人前仆後繼地找尋通往中國之路，那股熱情影響了十七世紀的歷史進程。這也就是為什麼這本書的每個故事後面，即使乍看與中國無關的故事後面，都藏有中國因素的緣故。簡單地說，就是中國富裕的魅力籠罩並吸引了十七世紀的世界。卜正民其實是透過中國去追尋十七世紀的全球變遷足跡，套句卜正民的話：「我寫此書的目的乃是去呈現一個更大的整體，一個人類正以前所未見之方式建構往來、交流網路的世界。」此外，這是一本有關「流動」的故事，尤其是十七世紀的「流動」。卜正民解釋道：「十六世紀是個發現的世紀與相遇之後暴力衝突的世紀。……十七世紀則與此不同。初次相遇漸漸變成持續的交往；憑運氣的交易變成制度化的定期貿易；比手畫腳的交談，換成混雜不同語言而成的方言和名副其實的溝通。這些改變的背後有一個共同因素所促成，那就是流動。」卜正民為何能寫出這樣全球史風格的書？這與他在美國及加拿大的大學教學經驗有關。或許只有像卜正民這種在美國史丹佛大學及加拿大多倫多大學開過大學本科世界史課程又專攻明清中國史的學者，才寫得出這樣具有全球史視野的歷史著作。他的預設讀者應該是西方世界的讀者，這些人想必有比中文世界的讀者更具有理解十七世紀的世界史的基礎能力。除了他本身的教學經驗之外，這也和當前全球史的概念逐漸受到史學界重視有關。

卜正民所探求的問題不在於一邦一國的國別史或區域史，而是將視野擴及幾個大陸間的物品流通。為了要描述十七世紀的全球貿易網絡的概念，他提出了十七世紀的物品流通的現象就如同佛教所說的「因陀羅網」。佛教使用這樣的意象來描述世間所有現象的相互關聯，因陀羅在創造世界時，把世界做成像一張網，網的每個打結處繫有一顆珠寶。因陀羅網上的每樣東西，都暗示了網上的其他所有東西。卜正民相當擅長用比喻，在結論時，他進一步引用十七世紀英格蘭詩人兼神學家約翰・鄧恩的名言「人非孤島，無人可以自全」來說明十七世紀的世界觀。鄧恩所使用的語言是地理學的語言，而地理學是當時日新月異、快速變動的新研究領域之一。在一六二三年鄧恩寫下那首詩之前，世界是一個個彼此隔離的地方，以致某地發生的事，完全不會影響其他地方情勢，但在那之後，人性共通這個觀念開始出現，共同歷史的存在成為可能。鄧恩對十七世紀大陸的比喻，一如佛教的因陀羅網的比喻：每個泥塊、每個珠寶，每個喪失與死亡，每個誕生與生成，都影響了與之共存的每一泥塊和珠寶。這種世界觀要到十七世紀才能得以想像。

除了全球史的視野外，本書的一大特色就是圖像史料的運用。作者透過七張畫——五張維梅爾的繪畫、其同鄉畫家亨德里克・范德布赫（Hendrick van der Burch）的一幅畫及一個台夫特瓷盤上的裝飾畫來看十七世紀的全球貿易。關於十七世紀荷蘭畫家維梅爾，大家最熟悉的應當還是約作於一六六五年的〈戴珍珠耳環的少女〉，近來這幅畫又因小說及電影的推波助瀾，更加吸引一般民眾對這位畫家作品的好奇。維梅爾的畫作也是歷來藝術史家研究的重點，這方面的著作應當不少；但像卜正民如此運用維梅爾的繪畫來作歷史研究的，想必不多。卜正民和以往藝術史家最大的差別在於彼此看畫的方法及關注的焦點不同，他的焦點乃是畫中的「物品」。他提醒讀者，我們以往過於習慣將畫作視為是直接窺探另一時空的窗口，所以常會將維梅爾的室內畫當作是十七世紀台夫特社會的寫真。但事實上，繪畫和照相是不同的，繪畫所呈現的並非是客觀事實。他還教我們去思索：畫中的物品「在那裡做什麼用？誰製造的？來自何處？為何畫家要畫它，而不是其他東西？」

關於卜正民以照片來對照繪畫的上述說法，似乎不全然正確。事實上，照片有時亦不見得全然是客觀的事實。據英國史家彼得．柏克（Peter Burke）在《歷史的目擊者：以圖像作為歷史證據的運用與誤用》一書中對照片與畫像的看法，認為「繪畫經常被比喻為窗戶和鏡子，而圖像不斷被形容為『反映』出可見的（或屬於社會的）世界。有人可能會說，它們就像攝影一樣，但正如我們已見的，即使攝影也不單純是現實的反映（頁五七）」」。柏克因此提出了三個方向供想要以圖像當作是歷史證據的史家作參考。一、對歷史學家而言，某些藝術作品可以提供有關社會現實某些側面的證據，而這類證據往往在文本中受到忽略。二、事實上，再現的藝術作品並不像它表面的那樣寫實，而是往往缺乏現實，它不僅沒有反映社會事實，有時反而扭曲現實。因而，歷史學家必須要考慮畫家或攝影師的各種意圖，以免受到創作者的誤導。三、然而，受到歪曲的事實的過程本身也可以提供史家作為研究的對象，如心態、意識形態和認同等提供了證據。

本書所敘述的故事，全都以貿易對十七世紀世界的影響和對一般人的影響為核心來鋪陳。七幅畫，七個故事〈從台夫特看世界〉、〈維梅爾的帽子〉、〈一盤水果〉、〈地理課〉、〈抽煙學校〉、〈秤量白銀〉、〈旅程〉貫穿了整本書。這七幅圖像中各自有一些物品是我們通往十七世紀的世界的大門，這些東西並不孤立，它存在於一個觸角往外延伸到全球各地的世界中。第一幅畫〈台夫特一景〉中有好幾道門：第一它呈現了一六六〇年春天的台夫特；第二道門是港口：台夫特位於斯希運河邊，以廓爾克港為船隻進出的門戶，從運河往南可以到萊茵河的斯希丹和鹿特丹；左邊前景處有載客平底船停在碼頭邊，是台夫特往荷蘭南部各城鎮的交通工具。第三道門是鹿特丹城門前碼頭的鯡魚漁船，這種船出現在這裡，正說明影響十七世紀歷史最深的原因之一是全球降溫，台夫特受氣候變遷之賜，成為當時重要的北海鯡魚捕撈加工船的停靠港。第四道門是荷屬東印度公司（VOC）的台夫特會所，台夫特與亞洲之間的龐大國際貿易網的中樞，就在畫面中一角的東印度公司的建築內。有史家統計，從一五九五至一七九五年的兩百年間，約有近百萬的荷蘭人透過東印度公司從海路到亞洲闖天下。卜正民認為十七世紀正是第二次接觸的世紀，史上從未有過那麼多人，與說陌生語言、陌生文化的人交易。

第二幅畫是〈軍官與面帶微笑的女子〉，畫中那位軍官所戴的那頂帽子正是我們要開啟的大門。這一章看似講的是法國探險家在北美五大湖區如何與印地安原住民打交道，以商品及火繩槍交換海狸皮的故事；但這個大門指引我們看到的，不只是皮毛貿易而已，他還說明了這時像尚普蘭（Samuel de Champlain）這樣的探險家，積極地探索北美大陸，他所有的探險、結盟、戰鬥，其最終目的其實在找尋一條由北美通往中國的孔道。此時皮貨商尼科萊（Jean Nicollet）的中國袍服是實現那夢想的工具，維梅爾的帽子則是那追尋的副產品。

第三幅畫是〈在敞開的窗邊讀信的少婦〉，畫中的一只中國瓷盤是一道門，讓我們走出維梅爾的畫室，走向從台夫特通往中國的數條貿易長廊。一五九六年，荷蘭讀者從揚．哈伊根．范林斯霍滕（Jan Huygen van Linschoten）筆下，首次認識中國瓷器這種東西，他的遊記啟發了下一個世代的荷蘭世界貿易商。十七世紀初，荷蘭人瓜分了原先葡萄牙及西班牙人掌握的中國瓷器貿易路線，在取得雅加達之後，荷蘭人於此建立了在亞洲的貿易基地——巴達維亞。此據點的建立對荷屬東印度公司的營運有很大的助益，十七世紀的前五十年，該公司的船隻從亞洲運回的瓷器，總數超過三百萬件。這些瓷器對歐洲人而言有如寶物，但對於像文震亨及李日華這樣的江南鑑賞家及收藏家來說，卻屬不入流的商品。中國消費者對於外銷歐洲的產品興趣不大。對中國人而言，美的東西要能傳達崇古的文化意涵，才會受重視。因而，這些來自歐洲的外國貨，在中國人的象徵體系中沒有一席之地，它們不具價值，只是引人注意而已。相對地，在歐洲，中國的物品帶來較大的衝擊。東印度公司運回歐洲的瓷器屬於虛榮性消費的昂貴商品，買得起的人屬於少數。受到這股中國瓷器風的影響，以往買不起的人，也開始購買一些台夫特陶工的仿製品。為何中國瓷器會在十七世紀歐洲人的居室占有一席之地，但舶來品在中國人的廳堂中卻沒有，卜正民的解釋是，這與審美或文化無關，關鍵在於各自能以何種心態看待更廣大的世界。當時的台夫特荷蘭人將中國的瓷器盤碟視為是中國富裕的象徵，也象徵了他們正面看待世界的心態。

第四幅畫是〈地理學家〉。這幅畫表達的不是家裡內部的世界，也不是台夫特的世界，而是商人和旅行者所遊歷的世界。海圖、地圖、地球儀都是我們進入那個世界的門。畫中最上方有個亨德里克・宏第烏斯（Hendrick Hondius）於一六〇〇年所製的地球儀。這個地球儀的出現正反映當時世界的探險家、商人、耶穌會士、航海員等人對於域外地理知識的大量需求。當時的歐洲地理學家將商人帶回的資訊蒐集、分析、綜合成一張張海圖、地圖，商人則拿著這些地圖、海圖用在更為人了解的廣大世界上。卜正民認為十七世紀的地理學家的職責乃在積極投入不斷循環往返的修正過程，透過這種回饋機制，愈來愈多舊有的地理知識被取代。在說明這種機制對於十七世紀歐洲海外探險的影響的同時，卜正民不忘拿中國做比較。當時的中國沒有回饋機制，而且幾乎沒有改變現狀的動力。即使中國學者真能從沿海水手獲得海外地理的知識，他們對那些知識也沒有多大興趣。唯一例外的是張燮的《東西洋考》，然而這樣的著作並未對實際四處旅行的人帶來多大影響。雖然當時的明末中國仍有一些如徐光啟等人可以接觸到耶穌會士利瑪竇帶來的世界地圖，卻未能引發回饋循環效應。這些地圖之所以沒有像歐洲那樣，得到進一步的修正，以新版地圖問世，也沒能撼動傳統中國的宇宙觀，關鍵在於沒有中國水手有機會去驗證、發展這種知識，也沒有中國商人駕船環繞地球，發現地球是圓的。對於大多數中國人而言，外在世界仍在外面。

第五幅畫是一只台夫特陶工仿製中國風格的瓷器盤子上的圖像。在這只瓷盤中，畫了幾位中國仙人在騰雲駕霧，其中一位口中還叼著一管菸斗。卜正民認為這只盤子可能是歐洲藝術家最早描繪中國人抽菸的作品，它可以帶領我們走進十七世紀菸草的全球貿易之門。歐洲人對中國商品的需求，創造出連結美洲與其他地方的貿易網，菸草就循著這個貿易網移動，遷移到新的地方，進入從不知抽菸是何物的社會，而歐洲是菸草外移時第一個落腳的社會。海狸皮資助了法國人在北美的探險活動，而菸草為英格蘭人移民維吉尼亞、侵占當地原住民土地提供了資金。因為菸草，美洲為歐洲人帶來獲利，而非洲則為美洲提供了人力，使歐洲人得以在美洲廣闢菸田，歐洲人又拿南美洲的白銀購買亞洲貨物，而從歐洲、美洲流往亞洲。隨著這種新的勞力安排的出現，新的貿易體系因而問世。當時的三大商品——白銀、菸草及採銀礦、收菸葉的奴隸，共同為美洲的長期殖民化奠立基礎。菸草經由三條路線進入明末中國，分別是澳門、馬尼拉及經東亞到北京。一六二五年時，菸草已經徹底融入中國沿海地區居民的生活。十九世紀中國人的吸食鴉片熱潮和十七世紀的吸菸習慣不無關係。卜正民認為，一種由菸草及鴉片混合的產品瑪達克（madak）曾經由荷蘭殖民的台灣傳進中國，而非十八世紀中國詩人陳琮的《烟草譜》所言經由西班牙人之手，由馬尼拉傳到福建的月港。

第六幅畫是〈持秤的女人〉。這次帶領我們進入十七世紀中葉世界的是維梅爾妻子卡塔莉娜身旁桌上的銀幣，而這道門的盡頭，我們將看見當時最重要的全球性商品——白銀。白銀世紀始於一五七〇年代左右，維梅爾生長的時代已是白銀世紀的尾聲。為了要補足不足的貨幣供給，中國需要大量的白銀，而歐洲人為了要買亞洲的貨物，則必須輸出白銀。這兩個地區的需求創造出白銀的流通，從而促使南美和日本成為白銀兩大供應地。十七世紀的全球經濟就圍繞著這種供需結構而形成。白銀將分處異地的地區性經濟連成一種類似今日全球處境的跨地區交易網絡。當時的中國為何會成為大部分白銀的最後歸宿，卜正民認為原因有二。首先，白銀在亞洲經濟體能買到的黃金，多於在歐洲所能買到的。第二，歐洲商人除了白銀之外，毫無任何東西可賣給中國。因此，這幅繪畫中秤白銀重量的動作乃是當時白銀經濟交易的重要一環。十七世紀的白銀時代的許多歷史發展因白銀而間接起了推波助瀾的作用：美洲最大礦城波多西的出現；馬尼拉成為歐洲經濟與中國經濟接合的軸心；一六〇三年的馬尼拉屠華事件；中國境內的奢靡之風；安徽歙縣知縣張濤對因商業發展所導致的社會道德淪喪的批判；晚明中國的物價上漲；漳州外港月港的商業地位日形重要。

最後一幅畫〈玩牌人〉不是維梅爾的作品，卻有他的畫作的所有元素。畫中吸引我們的是黑人男童，他就是畫中的門，引領我們進入一個以旅行、移動、奴役、混亂為特色的世界。十七世紀有非常多非洲奴隸像畫中男僕一樣，被捲入全球移動的漩渦中。同時，我們也可以見到十七世紀無止境的移動潮，將許多人帶往、分散至全球各地。在那個真實世界裡，文化之間的區隔也因人們不斷移動的壓力而漸漸鬆動。當時的移動包括有將高價值商品運到遙遠異地的富商，也有跟隨這些商人四處移動，從事運輸、服務工作的貧苦各色人種，例如摩爾人、非洲人、馬來人、馬拉加西人、中國人等等。

在結論部分，卜正民再次強調，撰寫這本書的動機之一，就是讓身為萬物之靈的我們了解過去歷史之全球化的方式。雖然前面幾章都是在談十七世紀人與物品的流動與流通的歷史，少有談到國家在這之中的角色，但卜正民也補充說：「但在世界和一般人之間有國家，而國家既深受貿易史的影響，反過來也大大影響了貿易史。」此時的歐洲，原有的封建領主效忠的君主，已開始將私人王國轉向為替商行的利益而服務，由賺取私人錢財的公民組成的公共實體。荷蘭共和國的組成就是轉變的例子之一。

《維梅爾的帽子》一書雖然不具有專業史學那種每段話都有詳細注腳及扎實史料依據的寫作規範，但仍透露了當前史學研究的兩個重要走向的訊息。一是物質文化史的研究，二是全球史的研究取向。有關物質文化史的研究取向，近來紛紛引起關心史學理論的史家的注意，他們認為物質文化史的研究可以平衡以往過度強調新文化史而忽略社會史的侷限。史家帕特里克．喬伊斯曾在一個訪談錄中提到，為了要彌補新文化史研究中對於社會過程的關注的缺乏，一些強調文化與社會兼顧的歷史學者開始強調物質文化史的研究。他舉出幾本重要的著作，這些著作正嘗試避開早期的新文化史學者過度強調文化的建構性所帶來的侷限。例如理查德．比爾納基（Richard Biernacki）的《勞動的配置》（*The Fabrication of Labor*），本書對十九世紀同個時期發展起來的德國與英國的紡織工廠進行比較，他們使用相同的技術，而且回應相同的經濟約束。錢德拉・穆克吉（Chandra Mukerji）的《土地上的野心與凡爾賽園林》（*Territorial Ambitions and the Gardens of Versailles*），這本書研究十七世紀法國專制權力被體現的方式，它不僅體現在論述方面，而且也原封不動地移植和體現在法國的自然景觀上，這些景觀以物質的形式來體現，並以物質的形式為人們體驗，這種體驗就和以語言方式的體驗大不相同。喬伊斯的《自由的統治：自由主義與英國的城市》（*The Rule of Freedom: Liberalism and the City in Britian*）也提出相同的質疑，他覺得當前的做法不是拒絕文化史或文化轉向的問題，因為文化仍然重要，但是需要從它的侷限性——尤其是絕對化語言和論述特徵進行質疑。喬伊斯的另外一本書《質問社會：歷史與社會科學的新意義》（*The Social in Question: New Bearings in History and the Social Sciences*）則是另外一種嘗試，就是重新去質問什麼是社會？這種質疑實際上是對把社會看成是結構及關係的舊觀念的質疑。他正嘗試將歷史和關於社會性以及社會的舊理念的本質放在一起思考。在這篇文章中，最值得我們注意的是，喬伊斯明示「物質轉向」或許可以補充「文化轉向」的不足，他說道：「『物質轉向』顯然正在替代——在另一種意義上講，是正在補充——文化轉向，尤其是在歷史與社會科學的新的關係上。」

台灣的史學界多少也受到這股風潮的影響，尤其以明清史研究最為明顯。有關這點，讀者可以參考中研院史語所近年來由李孝悌教授所主持的江南城市的社會與生活的研究計畫，參與成員中又以巫仁恕的研究最符合這個趨勢。此外，我們從過往耶魯大學藝術史系及清華大學人社中心所辦的物質文化國際論壇可嗅出箇中端倪。然而，卜正民所呈現的物質文化的圖像，主要是集中在十七世紀的這幾種物品的流通過程，比較少談論到這些物品在不同地區的交流及文化移轉的面向。讀者若是要進一步了解這方面的研究，則有必要進一步研讀柯律格（Craig Clunas）的文章〈物質文化：在東西二元論之外〉，這篇文章強調物質文化的研究應當走出東西二元論的框架之外，重視全球不同地域多元互動的歷史背景，並且拓展觀察的視野，從早期近代延伸到現代，甚至當代，重新反省東方研究與西方史學、西方與他者以及他者與他者之間的關係。

第二個走向是全球史的研究取向。全球史的概念是近來史學的重要走向之一。有興趣的讀者可參考美國新清史著名史家柯嬌燕的《什麼是全球史》，這本書是了解當前史學界的全球史寫作趨勢相當重要的一本入門書。此外，讀者也可以透過以下四本著作了解全球史的寫作特色。第一本是世界史的重量級人物威廉．麥克尼爾（William H. McNeill）和他那有接班態勢卻以環境史擅長的兒子小麥克尼爾（J. R. McNeill）合著的《文明之網：無國界的人類進化史》。雖然有人說老麥克尼爾此人的史學功力已大不如前，但我們覺得此書的部分篇章仍有可觀之處，例如第六章的「編織全球網路：一四五〇－一八〇〇」就是我們理解《維梅爾的帽子》時的重要參考文章。第二本是美國加州學派重要學者彭慕蘭及同校拉丁美洲學者史蒂夫．托皮克（Steven Topik）合著的《貿易打造的世界：社會、文化、世界經濟，從一四〇〇年到現在》，這本書的數十篇文章原是這兩位作者替《世界貿易》雜誌（*World Trade Magazine*）專欄所寫的短文，經修改後集結成書，目前已出第三版。這本書從新的經濟角度探討世界史，運筆生動活潑，毫無經濟史學報中一堆硬邦邦的統計數字，讀完會讓人直呼原來貿易史也這麼有趣。讀者若要對十七世紀世界的跨區域貿易有進一步認識的話，就不可錯過美國學者菲利普．柯丁的經典著作《世界歷史上的跨文化貿易》，雖然自一九八六年出版距今有點久遠，但書中兩章〈歐洲人涉足亞洲海上貿易〉及〈布吉人、印度商人和中國人：大公司時代的亞洲商人〉仍值得一讀。第四本是彭慕蘭的成名著作《大分流：現代世界經濟的形成，中國與歐洲為何走上不同道路？》，本書從比較的觀點，探討何以歐亞在經歷十六至十八世紀三百年之間相似的發展歷程之後，歐洲經濟為何會在十九世紀之後超越亞洲？學術通常與世變密不可分，在今日全球化的趨勢下，《維梅爾的帽子》這本書有三層意義，一是從中國來看十七世紀的世界史；其次是十七世紀開始，歐洲與中國之間的巨大隔閡首度開始消弭；第三是全球化的概念不僅是當代才有的現象，我們有必要將視野往前推到十七世紀全球化的初期，兩者的差別僅在於規模而已。

一本好的學術著作不僅要能有學術創發性，也要有可讀性，《維梅爾的帽子》就具有這樣的特性。這本書不僅提供給我們一種新的研究視野，也觸發我們進一步去思考各種可能的問題。例如：卜正民舉了那麼多物品來說明十七世紀的全球貿易現象，獨獨沒有提到當時亞洲的中國及印度輸往歐洲的重要紡織品——絲綢及棉布，卜正民肯定有他的理由，但在書中，我們看不出是何原因。

如果真要對本書吹毛求疵的話，我們認為，書中的許多內容都在描繪或說明圖像，但文中提供的圖像或地圖相當有限。當我們要了解卜正民在不同章節中所提到的十七世紀的流動特色時，手邊應該少不了要有一些地圖。這本書僅提供四幅地圖給讀者參考：分別是《低地國，約一六五〇年》、《五大湖區貿易路線》、《十七世紀全球貿易路線》及《南中國海貿易路線》，書中仍有許多地方的文字敘述沒有地圖可供參考。例如，頁二八提到的《荷蘭全境和西佛理斯蘭的新精確地形圖》，這是一幅〈軍官與面帶笑容的女子〉繪畫中的景物之一。它之所以會出現維梅爾的繪畫中，卜正民告訴我們，其目的在頌揚荷蘭人追求獨立的奮鬥精神，亦象徵了此時的荷蘭經歷了大規模的變遷，像是從軍事社會過渡到平民社會，從君主到共和，從天主教到喀爾文教派，從商行到公司。這些逆轉都可從地圖中土地與海洋顏色的顛倒得到暗喻。此時讀者手邊若是有一幅這樣的地圖，應當會更清楚地圖中的暗喻是如何和卜正民所說的逆轉有所關聯。此外，在〈地理課〉這章，卜正民還提到維梅爾的〈地理學家〉這幅繪畫的上方有顆地圖專家約道庫斯．洪第烏斯（Jodocus Hondius）所製作的地球儀，若是書中附有當時這顆地球儀的平面地圖，讀者可能會更清楚書中對於地球儀的細部描述。此外，這本書主要是參考二手研究寫作而成，因此我們很難舉出史料引用及解讀的問題。其中，頁二三四有個較明顯的手民之誤。卜正民在「延伸閱讀」的書單中，推薦彭慕蘭和史蒂夫．托皮克的書《貿易打造的世界：社會、文化、世界經濟，從一四〇〇年到現在》，出版日期寫著一九九〇。事實上，這本原著的初版時間應當是一九九九年，二〇〇六年再版。

英國史家彼得・柏克曾在《什麼是文化史》提到，未來史學研究的趨勢之一是「文化接觸」，強調的是不同文化之間的影響、接受與移轉；邊緣對中心的影響；以及從邊緣重思世界史。某種意義上，卜正民處理的也是文化接觸的課題，但仍屬於表面層次的探討，對於更細緻的研究，則有待日後學界對個案研究的積累。《維梅爾的帽子》雖然不是一本符合學術規範的著作，但它所提供的物質文化與全球史的研究取向，絕對會是未來中國史及世界史學界中相當具有指標性的一本著作。最後，本書還有一點值得稱許的地方，本書在版權頁特別註明該書的Bloomsbury出版社的所有紙張都是產自有良好管理的森林中樹木的天然及再生產品；所有生產的過程也都符合產地國的環境規範。這樣的聲明充分表達了卜正民的環境意識與現實關懷，亦呼應了該書結論中「人非孤島」的意涵，在全球化的時代，每位地球公民都當為他的行為盡一份責任。

# 9 一張消失四百年的航海圖的全球史解謎

## 地圖之謎

近年來史學界最關注的一張歷史地圖當屬《塞爾登中國地圖》（*The Selden Map of China*，以下簡稱塞爾登地圖）。自從二〇〇八年在英國牛津大學博德利圖書館（Bodleian Library）地下室被發現以來，學者專家已經投入許多經費修復此圖，而且辦過多次討論活動，也引發許多學者寫過論文，當然還誕生了與此地圖有關的著作：一本就是這篇書評的主要討論對象——卜正民的《塞爾登先生的中國地圖：香料貿易、佚失的海圖與南中國海》（*Mr. Selden's Map of China: The Spice Trade, a Lost Chart and the South China Sea*，以下簡稱《塞爾登先生的中國地圖》，引用只注頁碼），[1]另一本則是地圖的發現者羅伯特・巴切勒（Robert Batchelor）的《倫敦：塞爾登地圖所塑造的全球城市》（*London: The Selden Map and the Making of a Global City, 1549-1689*，以下簡稱《倫敦》）。[2]

在二〇〇八年之前，還沒有人知道塞爾登地圖的存在，直到研究大英帝國歷史的美國學者巴切勒發現該地圖，才引起史學界的注意。他原本只是到博德利圖書館查閱資料，卻意外在一份古代文獻目錄裡見到一個貌似中國地圖的條目，於是請圖書館館員赫利威爾（David Helliwell）幫忙調閱；赫利威爾同時又通知漢學家卜正民一同去看。當時唯一知道的資訊是，這張地圖在一六五九年進入圖書館，是英國國際海洋法學者、律師約翰・塞爾登（John Selden）死後捐贈的大批書籍收藏之一。這是卜正民第一次聽說這張地圖，同時開啟了他日後的塞爾登地圖研究之路。

這張在圖書館地下室躺了近四百年的中國地圖究竟有何魅力，能吸引這麼多學者關注，尤其是著名的明清史家卜正民為之著書研究？這當然與地圖的內容及其繪製特色有關。卜正民處理本書的方式有點像是在寫推理小說：先介紹一張被發現的藏寶圖，但這地圖的作者是誰？何時做的？在哪裡製作？為何而做？通通沒有答案。作者因而扮演偵探的角色，開始偵辦案件，一路抽絲剝繭，帶領讀者進入這張地圖所處的十七世紀世界。

卜正民書寫的步驟有三：第一，帶領讀者來到斯圖亞特王朝（House of Stuart）統治下的英格蘭。在這個時期，塞爾登收藏了這張地圖，及後博德利圖書館館長海德（Thomas Hyde）為地圖做了注解；第二，引領讀者來到明朝中國海域附近，當時歐洲國家與中國正打造一張共同的貿易網，將南中國海區域納入航海體系裡；第三，引導讀者回到塞爾登地圖製作前的那段歷史，開始探討地圖裡隱藏的密碼。

本書採用倒敘的書寫法，除了〈序〉、〈跋〉之外，共分八章，分別是：〈這張地圖哪裡不對勁？〉、〈閉鎖海洋〉、〈在牛津看中文圖書〉、〈約翰．薩里斯與中國甲必丹李旦〉、〈羅針圖〉、〈從中國出航〉、〈天圓地方〉、〈塞爾登地圖的祕密〉，另有兩個附錄：〈順報航海羅盤方位〉與〈海岸比較〉。若讀者先從前面讀起，可能會不大清楚作者的論述重點是什麼；若一路照順序讀下去，又會花太多時間在細節上，而忽略全書真正要探討的課題精華。因此，筆者建議讀者直接跳到第八章〈塞爾登地圖的祕密〉，就能知道這本書花這麼大的功夫去解讀一張地圖到底原因何在。

## 研究重點

在研究視角上，首先，本書其實不是談一幅地圖，而是談與它有生命交錯的一些人、事、物，如同卜正民之前出版的一本通俗讀物《維梅爾的帽子：從一幅畫看十七世紀全球貿易》（*Vermeer's Hat: The Seventeenth Century and the Dawn of the Global World*）[3]一樣，將十七世紀這個時代的富裕、複雜、網絡全球化的情況，做了許多詳細的描繪。兩本書有不少相似之處，比如都是用圖像來說故事；不同的是，《維梅爾的帽子》用上七張圖像，而本書只是講述一張地圖的故事。其次，卜正民提到：「用一整本書來談單單一張十七世紀的地圖，使我們不只有機會了解一張地圖，還有機會了解那張地圖問世時的世界。」（頁四五）塞爾登地圖問世之時，也是近代民族國家、全球經濟企業化、國際法出現的時代，這正是本書所處理的課題的大時代背景。

若從廣義的角度來看，本書也算是全球史的著作，將一張地圖聯繫到不同地區、不同國家。然而，就筆者而言，本書最精彩的地方還是前面幾章談背景的部分。

## 一、問題的導向

一開始，卜正民就在〈序〉裡澄清這本書的研究與當前的南海政治議題毫無關係。有鑑於近年來有關各國主權延伸至南海的問題爭議不斷，卜正民很擔心有人會拿這張地圖大做文章，因此還沒進入正題討論時就先澄清說：「如果有人斷定這張地圖在頌揚中國的國家認同方面扮演了奠基性的角色，它的未來可能變得複雜。」意思是說，塞爾登地圖不是中國的「出生證明」，也不是「收養證明」（頁二〇－二一）。

為了東海、南海上數千個島嶼的主權歸屬問題，中國與東亞每個聲稱擁有釣魚台、南海的西沙及南沙群島所有權的濱海國家爭執不休。塞爾登地圖——作為十九世紀以前中國人對這片水域唯一有清楚描繪的地圖——此時的出現，或許會被別有用心的人寄望成為中國對外交涉的致勝王牌。然而，卜正民在書中特別指出塞爾登地圖在討論這類主題上毫無幫助。

## 二、塞爾登收藏地圖的動機

之所以名為「塞爾登地圖」，完全跟地圖本身無關，而是由於收藏者乃英國著名法學家塞爾登。對中國史研究者而言，塞爾登應該不是一個為人熟悉的名字，本書的「出場人物表」這樣形容他：「律師、東方學學者、法學史家、議員、憲法理論家、《閉鎖海洋論》作者。」（頁一〇）以往的學者之所以關注這個人，跟地圖一點都沒有關係，而是主要談他的法學著作。

塞爾登的特別之處，在於他是當時的國際海洋法專家，是主張國家可以將海洋納入管轄範圍的第一人。在十七世紀初，海洋法的創立者、荷蘭學者格勞秀斯（Hugo Grotius，又譯德赫羅特）認為海洋不能納入國家的主權管轄範圍；塞爾登的看法剛好和他相反。卜正民認為塞爾登比當時大多數人更清楚，他們所置身的時代正經歷重大改變：新哲學和新憲法、新貿易路線和新式財富。卜正民根據幾本有關塞爾登的傳記，[4]得知他曾於一六五三年立下遺囑，加注附件說明如何處置他的收藏，包括這張中國地圖——這是他唯一的一次提到這張地圖。卜正民撰述本書的貢獻之一，就是將塞爾登在法學世界以外的事蹟做了清楚的考證。

卜正民在第二章〈閉鎖海洋〉中提到，把塞爾登與他尚未擁有的這張中國地圖連在一起的線，是以他和詹姆斯一世（James I）於一六一八年的一場會面為開端。當時荷蘭已經出版了格勞秀斯的《自由海洋論》（*Mare Liberum*），該書主張任何國家的船隻都能自由航行於其為了進行貿易而選擇的任何海域。一六一八年，塞爾登已經完成了批評格勞秀斯看法的《閉鎖海洋論》（*Mare Clausum*）初稿，該書主張聯合王國的主權涵蓋整個北海，直抵丹麥海岸；但現實政治讓聯合王國無法實行塞爾登的主張，塞爾登還因此一度與王室關係緊張而遭到囚禁。

卜正民提醒我們，格勞秀斯和塞爾登這兩本書都受到以下的立場而拖累：兩者都是為著客戶而寫，都是為了滿足本國的利益而非他們所支持的法律觀點；《自由海洋論》的客戶是荷蘭東印度公司，而《閉鎖海洋論》的客戶則是查理一世（Charles I）。兩人都曾經一度宣稱打贏了這場筆戰，但事實上沒有哪一方是贏家。今日的國際海洋法其實兼顧了雙方的精神——既承認航行自由，也承認合理的管轄權。因此，假設這張地圖是由格勞秀斯所收藏，我們就不難猜想他為何要收藏，因為當時荷蘭正想進入南中國海一帶，卻受到葡萄牙的阻撓，這張地圖可以表明葡萄牙沒有理由將荷蘭人拒絕於該海域之外。

但是塞爾登有可能會用這張地圖提出相反的論點，來證明葡萄牙對這個水域有管轄權嗎？卜正民認為這問題不大有討論價值，因為這不是《閉鎖海洋論》的重點。他指出塞爾登從未在著作中將他的中國地圖與海洋主權問題聯繫在一起，因此我們不大容易解釋他為何要收藏這張地圖。

需要考慮的另外一個方向是，不管塞爾登對海洋的看法來自這張地圖怎樣的啟發，他的動機其實在其他地方，而證據就在《閉鎖海洋論》一書裡。此書的特色之一在於，它是用金屬活字印刷出阿拉伯文字的第一本英文書。當時像塞爾登這樣的學者認為，精通希伯來語和其他古中東語是歷史研究的新方法。由於東方學改變了歷史研究、法學研究等領域的學術規則，具備看懂亞洲語言的能力成為當時能在人文學科創新的關鍵。

因此，本章的重點指出，塞爾登之所以收藏這張中國地圖，原因不在於探討海洋法，而是他認為凡是含有東方知識密碼的手抄本，都具有改變世界知識的力量。對塞爾登而言，能否看懂地圖裡的中文不大重要，關鍵是蒐集手抄本，為英格蘭的知識寶庫增添各種神祕語言的材料。

## 三、地圖上的外文注記

在第三章〈在牛津看中文圖書〉中，卜正民講述了一位到英國幫忙整理中文資料的中國人沈福宗的故事。一六六五年，東方學者海德接任博德利圖書館館長一職。海德很喜歡學習新語言，在他眼中，亞洲大陸就是一座又一座未被征服的語言高山，吸引著人們前去一探究竟。由於博德利圖書館中有許多有待解謎的中國圖書，因而他極有可能在此情況下邀請沈福宗到牛津來，幫忙鑑識及分類中國圖書。一六八七年六月，沈被帶到牛津，從該館的開銷檔案可以看出，這份工作曾由該館支出過一筆六英鎊的中文書編目、花費及住宿費用。

我們從哪裡可以看出海德與沈福宗合作的痕跡？卜正民指出正是在塞爾登地圖上。這張地圖原本只有中文，但現在可見的地名標記旁有細長的拉丁字母所寫的注解與翻譯。此外，卜正民在大英博物館的海德檔案中，還找到一張沈福宗徒手繪製的長城圖。沈福宗在地圖長城以北西伯利亞至北海的大地上，填上二十四個河流與高山。卜正民認為這些注解可以顯示，海德出於擴展地理知識的強烈意圖而仔細研究過塞爾登地圖，他努力所要了解的，「不是中國這塊地方，而是中國話這個語言。他在塞爾登地圖上的注記和大英博物館海德筆記檔案裡的詞語表，間接表明他想建立一新語言的詞彙表」（頁一〇〇）。簡單地說，海德只是在蒐集詞語，而非學習語言。

## 四、地圖描繪的海上貿易世界

在介紹塞爾登地圖收藏時代的背景以後，開始進入地圖描繪的海上貿易時代。第四章〈約翰．薩里斯與中國甲必丹李旦〉的主角是薩里斯（John Saris），其重要性在於這張中國地圖可能就是經由他流通到塞爾登手上（下詳）。

英國東印度公司總裁史密斯（Thomas Smythe）曾於一六〇九年指派薩里斯擔任東印度公司第八次遠航的指揮官。他於一六一一年離開英格蘭，沿著印度洋一帶做生意，隔年到達萬丹（Bantam），不久又前往香料群島探尋香料。但實際上，薩里斯此行還有一個目的，就是挑戰格勞秀斯所提出的荷蘭東印度公司的立場——如果東亞海域是一片自由之地，英格蘭理應能夠自由進出該地進行貿易。但荷蘭人並不這麼想，他們占領葡萄牙、西班牙的部分領土後，完全不願意讓英國來此插足他們的地盤。

一六一三年，薩里斯來到日本平戶港，透過大名的引薦，他認識了在日本定居的中國僑民領袖兼資深商人李旦。這位來自泉州到馬尼拉闖天下的中國人，在一六〇三年西班牙屠殺馬尼拉華人事件後逃到日本。薩里斯的「丁香號」開進平戶港時，李旦已經是日本南端數百位華商的領袖。當時葡萄牙人已經在長崎經商，荷蘭人則在德川幕府閉關時定居長崎。李旦和這些外國商人打交道的優勢，就是能夠向他們提供進入中國的管道。然而，英國最初在日本進行貿易並不成功，英國東印度公司於一六二三年關閉平戶商館時，館長考克斯（Richard Cocks）留下一筆爛帳，其中許多是李旦所欠的，就連薩里斯當初在東南亞各地透過香料貿易賺取的大批銀兩也都連帶受到影響。

卜正民最後在這章提醒我們，李旦原本想打造一個光明正大的貿易帝國，將荷蘭人、明朝、東南亞串連在一個可以長久發展的貿易網裡，但在一六二四年宣告失敗。翌年，他在負債累累的情況下回到日本並死於該地，結束了這位「中國甲必丹」（中國僑民首領）的故事。李旦所留下的或許不是大批的銀兩，而是藉由控制南海周邊的貿易以獲取利潤的觀念。只要明朝帝國不將中國近海之地納入掌控，只要歐洲勢力無法獨占這個地區的貿易，只要擁有精良船隻、貨物及武器，並掌握該去哪裡做生意，海洋就是一片可供各國商船馳騁的天地。但當時這些落魄的商人並無法預測到未來的走向，無論東方人或西方人都看不出未來是帝國主義的時代。在此，塞爾登或許更有遠見，看到即將登場的不是自由貿易，而是國家權力，更精確地說是帝國。

## 五、羅針圖的祕密

卜正民不僅解讀塞爾登地圖的時代背景，對於該地圖的繪製技法也做了詳細考證，但第五章〈羅針圖〉的內容過於瑣碎，不大能吸引一般讀者，反而是中國學者對這部分的考證可能會很感興趣。在這一章中，卜正民找出另一份文獻《順風相送》（俗稱《勞德航路指南》〔*Laud rutter*〕）與塞爾登地圖作對照。一六三八年，牛津大學校長兼大主教勞德（William Laud）將包含此著作在內的大批東方手抄本贈送給博德利圖書館。這部手抄本的中文書名可能是沈福宗一六八七年來牛津時所寫，四個漢字旁則用拉丁字寫下發音，書名的拉丁語翻譯則由館長海德完成。卜正民推測，這部著作和塞爾登地圖可能是一起來到英格蘭，而分別在不同時間到達牛津。它們同樣被三股力量帶來牛津：香料貿易、全球海上網絡、學界對東方知識的渴望。

## 地圖密碼的破解

卜正民繞了前述這麼大的圈子終於來到地圖本身的內容，直到第八章〈塞爾登地圖的祕密〉才開始明確破解這張地圖的密碼，提出以下的祕密。

第一，中國並不是地圖的重點。卜正民從明朝余象斗編的類書《三台萬用正宗》（一五九九）中找到塞爾登地圖繪製中國內部時的類似畫法，那是一張呈現二十八星宿相對應之地區的中國地圖《二十八宿分野皇明各省地輿總圖》。在這張地圖上，中國並非主軸，地圖繪製者可能拿一張類似的地圖填補上中國所在的空間。因此，這張圖的重點是在沿海，而不是內陸。

第二，地圖非常精確。塞爾登地圖的比例尺繪圖水準，和當時歐洲最出色的作品如英國地圖繪製家史畢德（John Speed）的《亞洲與其周邊島嶼》（*Asia with the Islands Adjoining Described*, 1626）相較，兩者不相上下。卜正民推測，塞爾登地圖的繪製者看過歐洲人所畫的地圖，並且抄襲某張歐洲人的地圖，才得以解決繪製中國周邊海域的難題。不同的是，歐洲地圖運用經緯度賦予地圖始終一致的比例，但在塞爾登地圖上卻看不到。拿塞爾登地圖和近代圓錐投影圖相較，可看出有的地方太大，有些則太小，可見地圖可能是以另一組資料為本繪製的。卜正民提到，二〇一一年修復前，這張地圖的狀態很糟糕，修復小組將原先襯底的紙張移除後，發現背面有一連串用直尺畫出彼此相連的線，與正面的線條相吻合。這說明繪製者根據手邊航路指南的航路資料先畫航線，再填上周邊的海岸，陸塊大概是後來才加上的。嚴格來說，這張不是地圖，而是航路圖。另外，卜正民根據圖上比例尺與距離及航速的關係推測，這張地圖與《順風相送》所使用的都是相同的導航資料。

第三，地圖具有磁場特徵。這位地圖繪製者不僅標出航路的方位，還按照航路的真正走向，將航線如實畫在地圖上。走向依據的是羅針圖，這種以羅盤入圖的畫法是中國的首例，直到二十世紀，附上羅針圖才成為中國地圖繪製界的標準做法。卜正民認為，這表示塞爾登地圖的繪製者見過歐洲人所畫的地圖。此外，他推斷塞爾登地圖上的航路資訊經過磁性編碼。雖然地圖上有些航路有偏離的誤差，但也有幾條相當精確的路線，如連接月港與馬尼拉、澳門與馬尼拉、越南東京灣與爪哇等，這些都是中國船隻在南海網絡裡的主要航行路線。

第四，這是一張商業性的航海圖，裡面沒有帝國的企圖或主張。塞爾登地圖的焦點雖然在海上，卻不是旨在說明該片海域島礁的主權歸屬，它純粹是一張為商人指點航向的海圖。卜正民還特別強調，看待這張地圖不能像狂熱的民族主義者那樣，主張塞爾登地圖為某一國家對海域某個岩礁的主權聲明提供了明證。

在這章的結尾，卜正民還是替地圖的身分提供了看法。究竟這幅地圖的作者是誰？在哪裡繪製？何時繪製？就作者看來，在這張地圖上，繪製者對地圖中最了解的地方是南半部。相較於明朝地圖通常把東南亞畫得相當精簡，有時甚至完全刪去，塞爾登地圖不同於之前、也不同於之後兩百年的中國人所繪製的地圖。卜正民推論，地圖繪製者的所在地不是在印尼爪哇的萬丹，就是在巴達維亞（雅加達）。

卜正民還透過塞爾登遺囑中的線索──這張地圖來自「一名英格蘭指揮官」（頁二三八），進而推敲這人可能是前文提到的薩里斯。塞爾登大概經由英國東印度公司的地圖繪製顧問哈克呂特（Richard Hakluyt）從英格蘭出版商珀柯斯（Samuel Purchas）那裡取得地圖。作者深信，透過同一批收藏者，這張地圖從薩里斯流通到塞爾登手中。他更進一步推論，薩里斯極有可能是從一位萬丹的華商處取得地圖，而這位華商以萬丹港為基地進行貿易，想看到自己的貿易版圖呈現在家中的牆壁上，於是出價請人繪製地圖。

卜正民接續探索薩里斯可能取得這張地圖的時間。他提出了三個說法，並認為其中最有可能的是薩里斯待在萬丹的時候。一六〇四年薩里斯被派到萬丹，一六〇八年擔任該地商館館長，一六〇九年返回英國。因此，卜正民認為薩里斯待在萬丹前後五年間是最有可能的時間。此外，就是透過地圖上非常精確的時間標記——令海德大感興趣的「紅毛住」三個字，指的是一六〇七年荷蘭人建立第一座堡壘、插足瓜分爪哇島一事，因此這標記問世的最早年代是一六〇七年，最遲不會晚於一六〇九年。卜正民取了折中值，那就是一六〇八年。

推論至此，卜正民大致講完塞爾登地圖的身世故事。在本書結論裡，他相當感慨地說，這張地圖輾轉流傳到歐洲一事，本來很有可能改變這個故事的發展——當年若有人將這張地圖拿給合適的人看，說不定會影響歐洲的地圖繪製者。等到這張地圖到達牛津時，它已經沒有機會引領風騷，此時地圖界的發展已經大有進展。卜正民把這張地圖失去價值的年代定在一六四〇年，那一年荷蘭的地圖繪製家布勞（Joan Blaeu）為荷蘭東印度公司繪製出一幅中國海域圖。這代表了歐洲人能依賴自己製作的中國海圖，不需要再回頭拿塞爾登地圖作為繪製地圖的依據。等到塞爾登地圖被送到博德利圖書館時，它在繪製技法上已經沒有特別優越之處，它的精確性此時只剩下歷史價值，只是作為一個外國珍玩而已。

## 問題討論

塞爾登地圖自二〇〇八年被發現以來，受到各地歷史學者、地圖研究者的重視，除了本文第一節提到的兩本書外，至今已有相當多的研究成果面世，[5]以下針對這些作品一併進行討論。

### 一、有限資料外的無限推論

《塞爾登先生的中國地圖》是筆者近來所讀過的歷史著作中，使用「可能會」、「可能是」或者是各種不確定字眼最多的一本書。其中有些是有了答案而在行文上做句型的修飾，有些則是完全沒有答案，以「可能會……」來進行各種推論。卜正民這種不就事物本身去寫，而是繞了一大圈在周圍的故事上的寫作策略，關鍵還是在於他自己所說的：「我們的疑問無法從這件東西本身輕鬆找到解答。」（頁五一）更明白地說，就是有關塞爾登地圖的佐證史料實在太少，作者只能憑藉非常有限的資料來寫出一本書，的確需要花費頗大功夫。

然而，太多的歷史想像與推論會大大降低本書的可信度，像是「我傾向認為地圖上那截尺和那個羅盤表明塞爾登地圖的繪製者看過歐洲人繪製的地圖，知道可拿來好好借鑑」（頁一六〇－一六一）；「《續珀柯斯的遠行》第三卷含有許多大概會讓塞爾登感興趣的東西」（頁一八九）；「王爾德若看過這張地圖，大概會予以肯定，我們應該也會」（頁二一〇）；「塞爾登大概經理察・哈克呂特從撒繆爾・珀柯斯那兒取得這張地圖」（頁二三九）；「這張地圖輾轉流落歐洲一事，本有可能改變這個故事的發展」（頁二四四）。

此外，有些語氣看似很堅定的評論，卻不大具有史料根據，像是「我深信，經由同一批收藏者，這張地圖從薩里斯輾轉流入塞爾登手中」（頁二三九－二四〇）；「如果塞爾登所述沒錯，薩里斯取得這張地圖後，原持有該圖的商人向他『出很高的價錢極力要將它贖回』」（頁二四一），以及「我們由此可以得出可能的區間，最晚不會晚於一六〇九年，最早不會早於一六〇七年。我建議折中取值，也就是約一六〇八年」（頁二四二）。同時，書中的很多敘述純粹是作者的想像，以疑問句的方式來表達，像是「那些航路已幾乎磨損見底露出紙質。這一損傷單純是無意間的磨損？還是個足以透露內情的痕跡，表明這是此地圖主人最感興趣的地方，其主人喜歡向友人指出此處？這是塞爾登——例如無意間用他的眼鏡——在其地圖上擺上的記號？」（頁七八）上述這些僅靠推論或歷史想像的例子僅是書中的一小部分。

## 二、關於地圖的種種爭議

和卜正民的上一本暢銷書《維梅爾的帽子》不同，《塞爾登先生的中國地圖》無論內容、敘事手法、架構還是注腳，都看不出是針對一般讀者。反而我們透過書末的參考文獻來源，可以看出他所引用的文獻大多是當代西方研究，並未引用塞爾登地圖公開後針對此地圖所做的中文研究成果。事實上，中文學界雖然晚於英美學界接觸到此地圖，但還是透過各種方式取得此地圖的電子檔，並提出對繪製者身分、繪製時間及內容的見解。

目前所見，香港大學學者錢江二〇一一年發表於《海交史研究》第一期的〈一幅新近發現的明朝中葉彩繪航海圖〉一文，應為中文學界最早的研究成果。錢江發表這篇文章時，並未應用後來學者為這幅地圖的取名，僅將之描述為繪製於明朝中葉的彩色航海圖。他在文中大膽推測，繪製海圖的作者或許就是一位常年附隨船舶在海外各貿易港口經商的鄉間秀才，也可能是一位民間畫工，或者是一位轉而經商的早年落第舉子。此外，他還提到英國牛津大學的學者認為，這幅航海圖應該是在福建泉州創作的。由於畫法與中東阿拉伯的地圖繪製法相似，英國學者進而推斷繪圖者可能是一位定居在泉州並早已漢化的阿拉伯人。錢江認同這一觀點，但在文中卻沒有說明這位牛津大學學者是誰。[6]

此外，錢江還提到卜正民和他二〇一一年在新加坡舉辦的一個亞洲歷史會議上交換意見，表示不同意他認為此圖創作於泉漳地區的看法，並認為作者一定是居住於印尼巴達維亞的福建商人。關於卜正民這樣明確的見解，並未見於《塞爾登先生的中國地圖》。至於創作年代，錢江根據地圖的歷史背景與所繪製的東西洋航路，推斷時間應為十六世紀末至十七世紀初，因為當時是海外貿易最為興盛的時期。[7]

在錢江之後，香港中華萬年網編輯陳佳榮在同年的《海交史研究》第二期也發表了一篇研究文章，將這幅地圖取名為《明末疆里及漳泉航海通交圖》。文中進行幾項史實的分析，認為：(1)地圖採用了一六〇二年後刊布的西式繪圖成就；(2)地圖所載的台灣地名應該在一六〇三年陳第東遊後；(3)地圖所載東北地名應在後金建立後；(4)地圖提到的「紅毛住」等注文，應在一六二一年荷蘭人占領摩鹿加群島後；(5)地圖未反映一六二四年荷蘭人占領台南的情況。綜合這五點推論，他主張地圖繪製的時間大致在一六二四年左右。[8]

關於繪製年代的問題，陳佳榮在二〇一三年發表於《海交史研究》的一篇文章中，又重新做了修正。他將這張地圖改稱為《東西洋航海圖》，並根據萬曆三十五年（一六〇七）的《二十八宿分野皇明各省地輿全〔總〕圖》，提出地圖繪製時間的上限可推至一六〇七年。此外，他在文章中提到曾參考巴切勒在二〇一三年發表的文章，陳佳榮這看法似乎就是受了他的影響。[9]

有關塞爾登地圖受《二十八宿分野皇明各省地輿全〔總〕圖》繪圖方式的影響，如前所述，卜正民在書中也有討論，但錢江與陳佳榮推斷的繪製時間明顯和他所提出的一六〇八年有所出入。至於巴切勒，他並不同意卜正民的論點，認為地圖可能是在馬尼拉繪製，繪製時間大約在一六一〇年代後期，大約在一六一九年左右。[10]儘管上述關注地圖細節的學者大多是基於考證並加以推論，但卜正民得出繪製時間是一六〇八年的理由也沒有比他們高明多少。他在書中一直強調：他關注的是人物，而不是地圖本身，但到了結論部分他還是免不了要用排除法，猜測這張地圖究竟是何時的作品。

二〇一三年，北京大學考古文博學院的林梅村針對上述文章，做了更進一步的研究，他的結論有四點：(1)地圖大約繪製於崇禎六年至十七年（一六三三至一六四四年）；(2)塞爾登地圖其實就是《鄭芝龍航海圖》；(3)一六三三年，鄭芝龍艦隊在金門料羅灣大捷，從荷蘭人手中收繳了一些海圖。鄭芝龍不僅通曉多國語言，其部下還有許多戰俘及外國傭兵，因此《鄭芝龍航海圖》可能借鑑了那些西方海圖；(4)現存於第一歷史檔案館的《東洋南洋海道圖》，繪圖者是施琅之子施世驃，時間約在一七一二至一七二一年間。該圖看似源於《鄭芝龍航海圖》，如果屬實，那麼塞爾登地圖的原名可能就是《大明東洋西洋海道圖》。[11]

透過上述討論，我們可以看出學界對於這張地圖的繪製時間、繪製者及繪製地點說法不一，由於佐證資料有限，許多觀點都是推測之詞，因此都僅能存疑。[12]儘管這些論著的推論有待商榷，但對於比較晚出版的《塞爾登先生的中國地圖》而言，仍應當在文中或注腳中對這些說法有所回應。

## 三、說法不一

《塞爾登先生的中國地圖》一書有幾處小錯誤，卜正民在〈序〉中提到：「這是幅大地圖，長一六〇公分，寬九六．五公分，大小雖只有瓦爾德澤米勒地圖的一半，但肯定仍稱得上是當時當地最大的壁掛圖。」（頁一九）但在第一章卻又有不同說法：「七年後，我在新博德利圖書館地下室仔細研究一樣我怎麼也料想不到其存在的東西。……在它尺幅甚大，寬超過一公尺，長將近二公尺。」（頁三五）這兩種說法明顯有出入。在第八章中，作者提到塞爾登地圖遍布祕密：「其中只有某些祕密會被我們解開。我算過，僅僅六個。」（頁二一九）但下文有標示「第幾個」的地方只有四處（頁二一九－二三六），另外兩個並未有數字的標示。這是刻意不說，要讀者自行在字裡行間找答案，還是文字上的疏忽？

此外，書中還有一些地方前後說法不一致。卜正民提到：「當年若有人將它拿給對的人看，說不定會影響歐洲的地圖繪製者，但這事沒發生。」（頁二四四）但這之前卻說：「塞爾登地圖的繪製者能製出如此脈絡一致且精確的地區圖，靠的是抄襲某張歐洲人所繪地圖。」（頁二二五）既然歐洲都已經有此技術，即使塞爾登地圖早一些被發現，究竟能有多大影響？這裡的看法似乎不大一致。找答案，還是文字上的疏忽？

## 四、從塞爾登地圖看倫敦

相較於卜正民旨在破解塞爾登地圖的祕密，同樣研究這張地圖且是最早的發現者，巴切勒的研究方法就截然不同，他的專著《倫敦》則是透過這張地圖探討英國如何經由英國東印度公司與亞洲的聯繫所帶回來的各種資源，將倫敦打造成一座全球性的現代都市。[13]兩者相比，筆者更喜歡這種非推理式的寫作風格。巴切勒認為亞洲的貿易體系對於倫敦的文化、知識與政治形塑扮演了基礎性的角色。透過在南中國海、印度洋與東亞海域的相遇，英國商人不僅發現新的財富來源，而且還有新的王權模式與主體性。舉凡這些現代性的象徵，如合股公司、民族、法規、國家、政治革命，都被視為與亞洲的轉變有關。

巴切勒不像卜正民一樣逐一去破解地圖裡的密碼，反而是更寬泛地去看來自亞洲的地圖、知識或觀念與倫敦的關係。書中提到塞爾登收藏來自世界各地的書籍與手稿，還有中國航海地圖與測繪羅盤。此外，塞爾登常提議如何廣泛地調查及翻譯語言、法律、歷史與科技；而所謂的「翻譯」是多面向的、去中心的，有時是跨歷史的脈絡。從這方面來看，翻譯為啟蒙、政治、經濟與科學革命的過程提供了充足的養分。《倫敦》一書讓我們見到和卜正民完全不同的書寫風格，看似在寫塞爾登中國地圖，但重點不是在這張地圖上，而是延伸出許多課題，所強調的是十七世紀的倫敦。

同一張地圖竟可以讓學者寫出截然不同的著述，正透露出這張隱藏了數百年的地圖的魅力。不同研究背景的學者無論在有關地圖的內容、繪製者、流通過程、收藏家、時代特色，以及貿易、全球都市等方面，都有相當不錯的研究成果。這不僅要感謝卜正民以抽絲剝繭的方式帶領我們認識塞爾登地圖的生命史，更要對地圖的發現者巴切勒以全球史的視角探討倫敦都市的近世發展表示敬意。

如同卜正民在書末所說：

許多歷史考察之旅迷失於大海中，無緣抵達目的地。或許我們的考察之旅未能抵達母港，但至少我們有所成：我們已替塞爾登地圖找回它在數百年前消失之歷史的一部分。而且不只如此：因為在替這張地圖找回其歷史的當兒，我們已把自己寫進這故事中。（頁二四二）

儘管目前仍有許多疑問未能有滿意的答案，但有關這張地圖的解密工作不會到此告一段落，在卜正民及巴切勒的努力下，我們看到了許多研究成果，日後勢必會吸引更多學者加入討論。

## 注釋

1 英文版參見 Timothy Brook, *Mr. Selden's Map of China: The Spice Trade, a Lost Chart and the South China Sea* (London: Profile Books, 2014)，聯經的中譯本翻譯自此版本。本書有另外一個較早的英文版本，內容一樣，但副標題不同，參見 *Mr. Selden's Map of China: Decoding the Secrets of a Vanished Cartographer* (New York: Bloomsbury Press, 2013)。中國大陸也出版了一個中譯本，參見卜正民（Timothy Brook）著，劉麗潔譯，《塞爾登的中國地圖：重返東方大航海時代》（北京：中信出版社，二〇一五）。

2 Robert K. Batchelor, *London: The Selden Map and the Making of a Global City, 1549-1689* (Chicago, IL: University of Chicago Press, 2014)。卜正民的著作雖然比巴切勒的書早一年出版，但書中僅是感謝他發現了這張地圖，卻不提及巴切勒的研究成果（他應該知道巴切勒已經在研究這張地圖）。此外，在巴切勒的新書中，也不見提到卜正民的塞爾登地圖研究。種種跡象顯示，兩人對於彼此的研究看法有非常大的出入。有關這點，也可以從他們為對方寫的英文書評內容嗅出一點端倪。巴切勒寫的書評參見 *Imago Mundi* 66, no. 2 (2014): 249-50；卜正民的書評參見 *Renaissance Quarterly* 67, no. 4 (2014): 1379-81。

3 卜正民（Timothy Brook）著，黃中憲譯，《維梅爾的帽子：從一幅畫看十七世紀全球貿易》（台北：遠流，二〇〇九）。

4 參見 G. J. Toomer, Eastern *Wisedome and Learning: The Study of Arabic in Seventeenth-Century*

*England* (Oxford: Clarendon Press, 1996); *John Selden: A Life in Scholarship* (Oxford; New York: Oxford University Press, 2009)。

5 中文著述參見錢江，〈一幅新近發現的明朝中葉彩繪航海圖〉，《海交史研究》，二〇一一年第一期，頁一－七；陳佳榮，〈《明末疆里及漳泉航海通交圖》繪編時間、特色及海外交通地名略析〉，《海交史研究》，二〇一一年第二期，頁五二－六六；〈《東西洋航海圖》繪畫年代上限新證——《二十八宿分野皇明各省地輿全圖》可定 "The Selden Map of China"（《東西洋航海圖》）繪畫年代的上限〉，《海交史研究》，二〇一三年第二期，頁一〇二－一〇九；林梅村，〈《鄭芝龍航海圖》考——牛津大學博德利圖書館藏《雪爾登中國地圖》名實辯〉，《文物》，二〇一三年第九期，頁六四－八二。西方著述參見 Robert K. Batchelor,"The Selden Map Rediscovered: A Chinese Map of East Asian Shipping Routes, c. 1619", *Imago Mundi* 65, no. 1 (2013): 37-63; Stephen Davies," The Construction of the Selden Map: Some Conjectures", *Imago Mundi* 65, no. 1 (2013): 97-105。另有針對沈福宗與海德的信件往來進行的探討，參見 William Poole, "The Letters of Shen Fuzong to Thomas Hyde, 1687-88", *Electronic British Library Journal*, article 9 (2015), www.bl.uk/eblj/2015articles/pdf/ebljarticle92015.pdf,1-28。

6 錢江，〈一幅新近發現的明朝中葉彩繪航海圖〉，頁五－六；六。

7 同前注。

8 陳佳榮，〈《明末疆里及漳泉航海通交圖》繪編時間、特色及海外交通地名略析〉，頁五五－五八。

9 陳佳榮，〈《東西洋航海圖》繪畫年代上限新證〉，頁一〇二－一九。

10 Robert K. Batchelor, *London: The Selden Map and the Making of a Global City, 1549-1689*, 104-105.

11 林梅村，〈《鄭芝龍航海圖》考〉，頁七九。

12 新近的研究成果綜述，參見龔纓晏、許俊琳，〈《雪爾登中國地圖》的發現與研究〉，《史學理論研究》，二〇一五年第三期，頁一〇〇－一〇五。另可參見龔纓晏，〈國外新近發現的一幅明代航海圖〉，《歷史研究》，二〇一二年第三期，頁一五六－一六〇。

13 Robert K. Batchelor, *London: The Selden Map and the Making of a Global City, 1549-1689*.

# 10 十八世紀英國女性伊莉莎白．馬許的全球微觀史

會注意到琳達．柯利的《她的世界史：跨越邊界的女性，伊莉莎白．馬許與她的十八世紀人生》（英文本，二〇〇七），最早是受到二〇一一年歐陽泰的影響。歐陽泰那時的《決戰熱蘭遮：中國首次擊敗西方的關鍵戰役》新書，隔年才有中譯本，一般台灣讀者還不是很熟悉這位作者。現在，他可是好幾本暢銷書的知名史家，其中，「全球微觀史」就是他所創的新名詞。

歐陽泰提倡「全球微觀史」，曾在〈一個中國農人、兩位非洲青年及一位軍官：全球微觀史的研究取向〉，就提出要以全球視野來書寫個人生命史的重要性。他認為我們不大容易在《世界史期刊》及《全球史期刊》中見到這種類型的文章，反而會關注個人全球史研究的都不是世界史的研究者。

他舉三本著作為例，分別是二〇二一年底過世的史景遷的《胡若望的疑問》（二〇一一）、琳達．柯利的《她的世界史》（二〇二二）及著名新文化史家娜塔莉．澤蒙．戴維斯的《行者詭道：一個十六世紀文人的雙重世界》（二〇一八）。

這些著作主旨在探討全球轉變與文化相遇，焦點都集中在一位進行跨文化移動的旅行者身上。這種研究取向使得這些書都能以敘事筆法寫出這些不起眼人物的生命史，又能以小見大看出那個時代的世界變動，因而可讀性都相當高。歐陽泰的文章並未對這些書做太多介紹，僅是以自己的研究個案為例，期盼世界史研究者能嘗試以全球脈絡來研究個人故事。在他的文章中，農人、非洲男孩及軍官這些人物的命運，都被捲入十七世紀巨大的跨國貿易及跨文化交流的時代浪潮中。

《她的世界史》的研究取向涉及了家族史、不列顛史、帝國史、性別史及全球史。作者透過伊莉莎白．馬許這位我們從不熟悉的女性，讓我們看到了與以往大歷史截然不同的十八世紀世界。以下從幾個面向作補充：

## 全球性別史

作者在序論中雖然沒有提到性別史，卻是一本全球性別史的佳作。玫莉．威斯納－漢克斯（Merry E. Wiesner-Hanks）在〈全球史與婦女史、性別史及性史〉一文中提到，以往的婦女史、性別史缺少世界史的議題；而世界史又不關注婦女及性別的課題，就算彼此的主題有互相涉及，但還是集中在美國地區。就如同大衛．諾斯魯（David Northrup）近來所評論的看法一樣：「世界史一直說的都是『大合流』（great convergence）的故事。相對地，過去數十年來，婦女及性別史則轉向到分流（divergence）這主題。」

威斯納－漢克斯認為這種現象與過去二十年來史學的「語言轉向」或新文化史的興盛有關。在這之後的婦女史關注的只是再現、文化與論述，歷史只成為一種文本，「婦女」只是一種歷史建構。在此情況下，威斯納－漢克斯認為文化研究並不能提供給我們一種整體的理論，而大部分的世界史並不去涉及性別，婦女史與性別史多集中在美國史。然而，近來有一些作品已經突破上述限制。

這些研究大多不會明顯標榜他們是世界史學者，但是他們的觀念或研究課題在世界史中一直是極為重要的，例如相遇（encounters）、邊境、疆界、移民、跨國、國家、認同、多樣性。世界史可以提供婦女史及性別史研究者更有機會擺脫過往看法以進行社會史的主題研究。格爾妲・勒納（Gerda Lerner）的文章〈美國婦女史：過去、現在與未來〉就觀察到最近美國婦女史的著作中有關非裔美國婦女的書籍、論文關注的焦點，較其他美國史研究更集中在婦女的組織及階級；並且感興趣的是她們過往的實體生活，遠超過對她們的理解與再現。

過往已經有一些婦女組織的研究是從世界史的角度切入。然而，從全球視野所做的性別的階級分析，則可以探索性別、性、種族，以及國家認同中性別角色的各種交錯。最後她總結認為，過往世界史及婦女史、性別史朝著不同方向的路徑——一個往合流，另一個往分流，但我們現在可能正面臨兩者相互交流的時刻。

從性別與帝國研究的爆炸性數量來看，當前的婦女史與性別史已經更願意花較多時間在相遇與合流的課題。這樣的發展或許可以稱之為「新新社會史」。「性別」和「全球」在過去數十年，就像是兩片分開的鏡片在重新修正歷史。如今兩者合體，更能讓我們擁有望遠與顯微的視野效果，去看見及發現過往我們所忽略的事情。

## 全球微觀史

全球史絕對是近十年最紅的史學新趨勢，但能做到既全球又微觀，《她的世界史》絕對是經典。這本書中的人物處在十八世紀劇烈變動的時代，進行跨洲、跨國移動常是家常便飯，女主角伊莉莎白・馬許（一七三五－一七八五）與她先生詹姆斯・克里斯普（？－一七七九）的移動範圍，可從加勒比海牙買加、地中海梅諾卡、北非摩洛哥、美洲東佛羅里達，一直到印度次大陸的孟加拉。

## 新帝國史

柯利自稱這書是帝國史書寫，其實這更像是新帝國史。這本書的帝國史書寫與過往的不同，你不會見到太多的政治角力及軍事戰爭場面，但書中主角的移動，常常又因為這些事件，有了新的命運轉變。換句話說，若沒有十八世紀不列顛的海外帝國領土、英法的海上爭霸與奴隸貿易，馬許可能就不會出現在這個世界，其生命史也不會有這樣的「五個情境」的階段發展（一七五六、一七六九、一七七〇－一七七一、一七七四－一七七六、一七七六－）。《她的世界史》提到，要不是東印度公司軍力與政治影響力不成正比地大幅成長，馬許無法這麼順利地在印度次大陸旅行，正因為是這種帝國史與洲際史上的劃時代轉變。

此外，成也帝國，敗也帝國，作者說帝國野心與跨洲商業之間，存在著一種彆扭關係，講的就是不列顛帝國。

## 海洋史

雖沒有標榜海洋史，但全書涉及的跨洲港口城市超過二十個，說是全球海洋史也不為過。荷蘭著名史家包樂史在《看得見的城市》中的海洋史強調的是環境地理空間、社會經濟制度，到第三層的人，有年鑑學派地中海史書寫架構的概念。但這本的海洋史打破三層各自獨立的框架，將人物的命運融入在各種環境變遷（里斯本大地震）與事件（摩洛哥俘虜）中。克里斯普家與馬許家的男人中，有許多人的生計是和大洋、不列顛政府、不列顛帝國、皇家海軍、東印度公司，以及遠程貿易密不可分。其命運也常被迫捲入帝國間的海權爭霸與各種國家暴力中。

此外，馬許的先生詹姆斯．克里斯普，作者說這人就是在不同國家與港口互通有無的代理人，也是一個穿梭於政府與政界所訂下的法律界限的人。他的歐洲貿易網以倫敦為中心，放眼另外五個商業重鎮：西班牙巴塞隆納、義大利熱那亞與利沃諾、德國漢堡、蘇格蘭謝德蘭群島、曼島。此外，克里斯普的貿易網不管發展到哪一個階段，都不會只做歐洲生意。在十八世紀中葉時，歐洲、亞洲、美洲及部分的非洲都不是獨立而隔絕的實體，在其他方面的聯繫也相當緊密。就算是在七年戰爭期間（一七五六－一七六三），這些貿易網絡還是在私下進行，而代理人像是馬許的先生，就扮演相當重要的角色。

## 物的社會生命史

本書所描繪的馬許家族各種故事，都與海上貿易密不可分。書中描繪了許多跨洲貿易商品，這可以和彭慕蘭、史蒂夫·托皮克那本名著《貿易打造的世界：社會、文化、世界經濟，從一四〇〇年到現在》相媲美。像是加勒比海物產、倫敦玻璃珠、中國茶與瓷器、非洲奴隸、歐洲鹹魚、印度鹽、鴉片、孟加拉棉紡織。這些商品，撐起了這個家族，也建構出一個跨洲貿易的商業網絡。這些商品的價值曾讓他們生活優渥，但隨著世界波動，大起大落，也讓他們嘗到破產苦果，一度她丈夫要遠赴美洲開發土地。

## 家族史

女性個人的意志很重要，但是周邊家族的男性奧援更為重要。本書看似是寫一位女性的故事，其實也寫出了整個家族的歷史。《她的世界史》不僅寫她先生，也寫她的父親這輩親戚。她的父親米爾伯恩．馬許不是什麼大人物，僅是海軍船艦上的木工，掛的是准尉軍階，但他沒有正式的海軍制服，他是地位相當獨特的專業工匠，因為掌握技術，在船隊裡有著不可或缺的能力與特殊地位。在戰時，更加顯現他的重要，而這些資源也變成船艦木工後代可資利用的重要人脈。馬許就因為她父親及叔叔的緣故，常接觸海上航行各種事務，認識許多重要人物，各種歷練因此讓她養成了很特別的人格特質。

對我而言，《她的世界史》最精彩的部分不是上述的各種新趨勢，而是情感史。作者透過馬許及家族的個人日記、遊記、家族資料集、帳冊、報刊新聞等素材，精彩地建構出十八世紀女性生命情感的歷史。讀者可以在第四章〈寫作與遷徙〉看到柯利的功力。透過馬許那本自傳性的書《女俘虜》，作者剖析馬許的內心世界，並視為她試圖勾勒自己世界的重要方法，根本就是將馬許看到骨子裡去。像是作者說證據顯示，她仍然認為自己和克里斯普因為共同目標而無法分開，但她不見得愛他，甚至不見得跟兩人的孩子親近。但會努力幫他賺錢，為兩人共同的生存與世俗成就付出。全書中，這種內心戲碼不勝枚舉，讀者可要好好細讀，才能體會柯利的寫作功力與敘事技巧。

最後，就如同作者所說的：「本書不僅是個人或是家族的故事，也是全球的故事。」伊莉莎白．馬許所處的十八世紀，正是世界歷史劇烈變動的階段，形塑了馬許個人的生命歷程。她的人生處於世界歷史兩個階段的頂峰，一方面參與西方世界主導的某些發展：不列顛海軍力量崛起、七年戰爭的領土變化、美國革命與美國建國、歐洲在一七五〇之後侵入太平洋地區；另一方面，馬許的故事也呈現西方國家的侷限，反而是她及先生待過的非歐重鎮，在創新與交流持續不斷，扮演重要角色。

透過馬許，我們看到的不僅是一位用生命體驗種種變局與文化轉換之女性的半世紀苦旅故事，更是一幅十八世紀的全球史圖像。

# 11 帝國史研究新取向
## ——蒐藏與征服

我喜歡讀帝國史，尤其是帶有全球視野的帝國史研究。從早期的《旅人眼中的亞洲千年史》、《帝國何以成為帝國》，到近來結合物質文化與全球視野取向的《飢餓帝國：食物塑造現代世界》、《帝國城市：成就大英帝國的十座殖民城市》、《奢侈與逸樂：十八世紀英國的物質世界》。最新一本同樣有這樣研究取向的，就是瑪雅・加薩諾夫（Maya Jasanoff）的帝國移民三部曲的第三部《帝國的東方歲月（一七五〇－一八五〇）：蒐藏與征服，英法殖民競賽下的印度與埃及》。

人類歷史的政治發展上，民族國家是常態？還是帝國是常態？事實上，帝國是古今中外最持續不墜的權力形式與政治單位。在新帝國史研究的浪潮下，過去的中心與邊緣不再是固定的。學者們開始關注近代帝國的發展對國家的日常生活、社會組織與社會運動史的影響。像是日本帝國統治下的台灣，可從比較的觀點來探討殖民地的統治特色，例如技術、觀光與博覽會。更可以從帝國的框架探討技術與近代東亞發展的關係，像是牛乳的使用、肥皀與農藥製品的出現。

更有學者結合世界史與社會史的角度看十九世紀至二十世紀轉變間的帝國。例如十九世紀末出現一種新觀點，即規訓帝國臣民意味著使大眾文明化，而不僅僅是培養菁英階層。研究者也嘗試將社會史與宏大敘事聯繫起來，所探討的不再是資本主義的擴張，也不是資本主義加上現代國家的構建。這批學者主張研究帝國史不該只是偏向單方面的故事，永遠只有一種聲音，而是該把帝國看成是一個充滿互動的整體。

之所以有這樣的轉向，全球史的功勞很大。傑里·本特利指出，有三個因素，促進了民族國家史到全球史的轉向。第一，歷史學家和地區專家累積了歐洲以外地區的人和社會的許多知識。第二，全球帝國、全球戰爭和全球經濟的變動更使人清楚認識到，民族國家和個體社會都不能孤立地決定自身的命運。易言之，所有國家和社會的命運都不可避免地捲入了全球的網絡體系中。第三，以往學術領域的專門化帶來知識結構的破碎化，阻礙了尋求更深層的歷史意義的努力。學者、教師、政府官員和大眾開始要求整合歷史知識，以形成看待歷史的新視野。

喬治梅森大學（George Mason University）歷史系教授蘿絲瑪麗·札嘎里（Rosemarie Zagarri）更指出：「我們正處於『全球轉向』的時代」。這種轉向其實與以下幾點因素息息相關，例如跨國合作的成長、網路的出現、資本的全球交換的重要性日漸增加，以及國際恐怖主義的擴張，這些都促使全球化成為一種無論在大眾或學界都十分普遍的觀念。為了要讓過去與現在對話，史家開始去找尋歷史起源及這種現象的發展。早在二十世紀之前，觀念是流通的，貨物及資本是在全世界流通；動物及細菌經常是在各種社會中移動。國家的邊界不是固定的，而是易變的和可滲透的。生活在過去的個人並非只是面對面的地區性居民；而是一種都市冒險或世界的公民。不僅是有錢菁英，就連貿易者、商人、船員，及一般男女都有許多機會去進行跨越全球的旅行。

《帝國的東方歲月（一七五〇－一八五〇）》，就有上述的特點。瑪雅·加薩諾夫這本書是她二〇〇五年的早期作品，也是她的成名作，此次在晚近的作品都出版後，作為三部曲的最後一本，格外有特別意義。她所研究的大英帝國，處於一七五〇至一八五〇年帝國形成的世紀。這一百年間，大英帝國從汪洋孤島，一躍成為世界上最大的工業化國家，囊括全球四分之一的土地。在區域上，作者將焦點轉向於東方的地緣政治門戶印度與埃及。所關注正是傳統觀念中所謂的帝國邊緣，在那，大英帝國遭遇許多複雜的文化差異。在文化相遇的過程中，作者處理的主角不是過去的歷史大人物，也不是社會史研究中常關注的民眾群體，而是現在全球史研究中最夯的文化相遇中間人——收藏家。透過這些收藏家與收藏的故事，加薩諾夫將這些蒐羅文物的故事，揭露出帝國的複雜性，像是權力與文化的糾結，或者是自相矛盾的相會。

這些人物有著名的帝國收藏家羅伯特．克萊武、拿破崙．波拿巴，到無名小卒斯圖爾特。當我們已經熟知各大博物館的展品如何呈現過去帝國時期的殖民地收藏特色時，這些看似不起眼的多重身分收藏家，正因為他們對文物的痴迷與自我塑造，成為我們探索帝國邊疆的重要導覽者，讓我們更能理解文物背後的流動歷史。當我們只關注許多博物館的印度及埃及收藏品的背後國家掠奪問題時，作者卻引導我們進行脈絡性地歷史思考，很多時候，其實是源自這些個人的品味與雄心。光是這點顛覆過去看法的視角「蒐藏與征服」，這書就值得推薦給閱聽大眾。

# 12 史隆先生與大英博物館的蒐藏全世界

幾年前在國外書展買到這本《蒐藏全世界：史隆先生和大英博物館的誕生》的英文書，當下就覺得這本書一定要有譯本，曾在臉書社群分享希望有出版社能夠來翻譯。很高興，幾年後終於有中譯本在左岸文化出版。

這不是一本大英博物館的發展史，在裡頭看不到現在你我所知道的大英博物館。嚴格說起來，這本書是大英博物館歷史的前傳，講的是漢斯・史隆爵士（一六六〇－一七五三）這位醫生收藏家的收藏史，以及如何在其過世後，透過遺囑及友人的協助，將其私人博物館的收藏品賣給英國，成為一七五九年大英博物館開館初期的重要資產。

這本書不僅是十七至十八世紀英國面向世界的全球史，書中內容豐富，關鍵字涉及了很多主題，有博物學、自然史、商業、科學社群、種植園、人際網絡、蒐藏、殖民、奴隸、美洲、非洲、牙買加、藏珍閣、博物館、公共、物種、皇家學會、帝國、西印度群島、科學革命、光榮革命、啟蒙運動、分類、標籤、標本等等。

我們現在都知道大英博物館，但所知道的應該是十九世紀維多利亞時期改建、重組並建立近代博物館分類標準後的新樣貌，對於十八世紀建館初期的歷史應該是完全陌生，一般讀者更不用說會將史隆與大英博物館產生任何連結，基本上，應該說是完全忽略他的存在。

也因為如此，這本書的出版，讓我們認識到，要成為一位像史隆這樣的收藏家，他的條件及時代特性是如何結合，才能成就這一段精彩的博物學發展史。

他的故事雖然只是同時期的十八世紀博物學家故事的一段，卻有著不同於其他人的豐富內容。憑的就是他活得夠長，九十三歲的高齡，奴隸種植園時代所累積的財富、醫生社群與病人人脈、皇家學會研究網絡、自然史蒐藏及博物知識追求，讓他成就了許多事蹟。儘管科學成就比不上前後的牛頓、林奈、達爾文及班克斯，但其蒐藏的各種文物，不僅造就了日後知名的博物館，也啟發了許多人士對博物學與自然史知識的探討。

在推薦這本書給各位讀者的同時，我也順帶推薦我在閱讀此書時的幾本延伸閱讀書目，同樣展現了英國在十八世紀與外在世界的連結，尤其是對異國事物的追求這一面向。

像是馬克辛．伯格的《奢侈與逸樂：十八世紀英國的物質世界》，提到十八世紀的英國要放在一個全球性貿易往來的網絡來看，新近從亞洲及美洲發現的奢侈品，促使人們形成與過去不同的物質文化品味。這種全球網絡刺激產生更新的英國生產的消費品，雖然是山寨產品，卻反映其模仿的內在精神及技術革新的成就。安．希黛兒的《花神的女兒：英國植物學文化中的科學與性別（一七六〇－一八六〇）》，則探討植物學如何在林奈時代的英國，被推崇為適合女性的科學。瑪雅．加薩諾夫的《帝國的東方歲月》，則描繪十八世紀中葉至十九世紀中葉的大英帝國的收藏家與文物蒐藏故事，探討帝國的權力與文化的糾結。這幾本同《蒐藏全世界》一樣，帶給我們的是一幅截然不同的十八世紀大英帝國的新圖像，值得我們去好好深讀。

# 第三部

# 「全球轉向」後的歷史新視角

# 13 大英圖書館海圖裡的世界史

近來史學界最紅的一張航海地圖應該當屬《塞爾登中國地圖》。從二〇〇八年在英國牛津大學博德利圖書館地下室發現以來，學者們已經投入許多經費修復此圖，而且辦過活動討論內容，也引發許多學者寫過論文討論，當然還誕生了兩本與此地圖有關的著作，一本是卜正民的《塞爾登先生的中國地圖：香料貿易、佚失的海圖與南中國海》，另一本則是地圖的發現者羅伯特．巴切勒的《倫敦：塞爾登地圖所塑造的全球城市》。

在二〇〇八年之前，還沒有人知道塞爾登地圖的特別之處，直到美國研究大英帝國歷史的羅伯特．巴切勒教授的緣故，才引起史學界的注意。他原本是到牛津大學的博德利圖書館查資料，卻意外在一份古目錄裡見到一張中國地圖名稱，於是請圖書館員赫利威爾幫忙調閱出來。赫利威爾又通知卜正民一同去看。當時唯一知道的訊息就是，這張地圖在一六五九年進到圖書館，屬於律師約翰・塞爾登死後捐贈的大批書籍之一。

這張在圖書館地下室躺了近四百年的中國地圖究竟有何魅力，能吸引這麼多的學者關注，尤其是著名的明清史家卜正民的注意，當然與這張地圖所描繪的內容特色有關。他處理這本書的方式就有點像是在寫一本推理小說，先安排一張被發現的藏寶圖，但這地圖的作者是誰？何時做的？在哪裡製作？為何而做？通通沒有答案。作者因而扮起柯南，開始偵辦起案件，一路抽絲剝繭地帶領讀者進入這張地圖所處的大航海時代。

《塞爾登中國地圖》雖然精彩，但只是大航海時代眾多航海圖中的一張，無法綜觀海洋史全貌。要了解這個時代海圖的故事，彼得・懷菲德（Peter Whitfield）的《大英圖書館海圖全覽》絕對會是首選。這是大英圖書館一千多萬冊藏書中的海圖精選集，講到大英，我腦海裡浮現的是另外一本類似的書——大英博物館館長麥葛瑞格（Neil MacGregor）透過一百件館藏文物所寫成的《看得到的世界史》。兩本書都有精美圖像，加上詳細易懂文字的特色，讓人一看就懂。

彼得・懷菲德是位地圖及探險史專家，著作相當豐富，曾著有倫敦的地圖與生活史、二十世紀的世界地圖、地圖裡的世界城市、地圖裡的探險史等書。《大英圖書館海圖全覽》這本書自一九九六年出版至今已二十多年，二〇一七年還有過新版，頗受好評。

本書的海圖以歐洲為中心，作者認為世界海洋的海圖繪製，主要還是歐洲人的天下，即便是中國或日本，不是沒這傳統，就是以歐洲為範本。因此書中所探討的歐洲人繪製的海圖以十五至十九世紀為主。相較於當代海圖的技術圖表帶有過多編碼過的資訊，大航海時代的海圖，除了航海外，還有用來展示地貌的目的，所以有海岸、河口及島嶼等地形特徵的描述，特性更接近一般地圖。

透過懷菲德的導覽，我們可以知道沒有航海圖的時代，如何航海？船員用什麼方式導航？像是考古學上已經證實玻里尼西亞文化是在什麼時候，跨越太平洋的遙遠距離傳播出去的，不過這些航行是如何規劃、導航的，迄今仍是個謎。我自己最感興趣的是近世世界形成的關鍵時刻〈歐洲海權時代的海圖〉這章。懷菲德認為，在一六〇〇至一八〇〇年這個時期，海圖從非常傳統、以經驗為基礎的世界海洋與海岸風貌，轉變成地表的局部客觀模型。促成的關鍵有兩個：用數學在紙上詮釋的地球全貌，以及源自天文資料的定位系統。

直到如今，海圖以數位圖像的形式發布，顯示在螢幕上，可以與衛星的空間參照系統相互連線，提供即時及準確的定位。傳統海圖的導航功能雖然不再，已被取代，但仍具有提供形塑全世界圖像概念的作用。

本書不僅內容淺顯易懂，提供了相當多的海洋史知識，相當適合一般讀者；書中的各式各樣精美彩色航海圖，對於地圖控而言，更是一大亮點，光是一次能看足大英圖書館中珍藏的這麼多航海圖像及說明，就已值回票價。

# 14 閱讀「一戰」的幾種新視野

二〇一四年是一次世界大戰一百週年，想到一戰，我腦中浮現的是之前看過的一部印象深刻的電影《近距交戰》（*Joyeux Noël*）。這電影是法國導演克里斯瓊・卡希雍（Christian Carion）繼勵志片《夢想起飛的季節》（*Une hirondelle a fait le printemps*）後的新作，曾入圍金球獎和奧斯卡金像獎「最佳外語片」。

電影描述一九一四年的寒冬，德與英、法三國在法國邊境交戰，雙方陷入近距離的戰爭，傷亡無數。表面上，大家都奮勇向前殺敵，但實際上，面對聖誕節的來臨，彼此都無心戀戰，心裡想的，都是那後方溫暖的家。直到聖誕夜，一曲平安夜，短暫改變了彼此的敵對關係，讓大夥走出壕溝，攜手唱歌，度過這難忘的聖誕夜。

然而，戰爭還是殘酷的，當上級將領知道這一夜發生的事，派遣督察來調查這事，三國軍官立即受到嚴厲的處分。德國官兵甚至被遠調到前線與俄國作戰。終究，這次的和平事件，被高層掩蓋過去，戰爭，還是持續無情地開打。

當然電影只是一種過去記憶的再現，要實際真正了解一次大戰究竟發生了什麼事？近年來坊間的幾本翻譯作品，可以讓我們重返百年前的歷史場景。

講到一戰，當然不得不提軍事史名家李德哈特（Sir Basil Henry Liddell Hart）的《第一次世界大戰戰史》。原作於一九三〇年出版，中文版於二〇〇〇年由台灣的麥田出版社翻譯。二〇一四年正值一戰百年，麥田出了二版。本書英文原書名為 *The Real War*（大戰真相），之後隔了好幾年，才增訂內容修改書名為《第一次世界大戰戰史》。這種修改，對李德哈特的意義在於，在那時，書寫一部一戰的真相史已無困難，各國政府檔案已經公開，日記與回憶錄也陸續公諸於世，參與過重要會商的人仍然健在，因而較以前有更多機會可以檢視資料。

說這書是目前最經典的一戰戰爭史，也不為過，儘管此書出版至今已將近九十多年，仍有許多細節，無人超越。他從戰爭緣起談到大戰經過，以及各方戰略戰術的運用。這場戰爭粉碎了英國歷史學家湯恩比在一九一四年的預期夢想。讓人好奇的是，這場戰爭削弱了歐洲各傳統帝國，還造成了約一千多萬人的死亡，最終是如何結束戰役的？誰是贏家？對此，李德哈特認為，沒有一項因素是有決定性，原來西戰場、巴爾幹戰場、戰車、封鎖與宣傳，都可說是協約國獲勝的關鍵，而問誰贏得這場戰爭，則是空話。

有關一戰，以往最常提到的觀點是費雪（Fritz Fischer）在一九六八年提出來的《一戰中的德國目標》（*Germany's Aims in the First World War*），認為德國蓄意發動了一戰，此觀點在二戰之後相當盛行。爾後，類似的作品都認為「一戰是一場邪惡的戰爭，且不可避免」。一九六三年出版，至今銷量超過二十五萬本的泰勒（A. J. P. Taylor）的《第一次世界大戰》圖文書也是有類似的觀點。

相較於戰爭史的細節描述，我更喜好近日紅遍半邊天的英國著名史家，目前擔任哈佛大學講座教授的尼爾．弗格森的《第一次世界大戰，一九一四－一九一八　戰爭的悲憐》。他應該算是當前公眾史家中最多產的一位，著作叫好又叫座，此前的作品有《紙與鐵》、《金錢與權力》、《帝國：大英帝國世界秩序的興衰以及給世界強權的啟示》、《美國巨人》、《世界大戰》、《文明：決定人類走向的六大殺手級Apps》。

和以往的相關著作的寫法不同，研究國際政治與經濟史的弗格森更擅長從社會學及經濟的角度切入。像是投降、受傷對敵我雙方有何影響？殺個人需要多少花費？停戰的原因有哪些？對此，他都提出了許多獨特的看法。此外，他也嘗試提出不一樣的重要問題。例如：(1)這場戰爭是不可避免的嗎？是否因為軍國主義、帝國主義、祕密外交或軍備競賽等因素，而使戰爭無可迴避？（第一到第四章）；(2)德國領導人為何在一九一四年在戰爭上孤注一擲？（第五章）；(3)戰爭在歐洲大陸上爆發，為什麼英國的領導人決定介入？（第六章）；(4)這場戰爭真的如時常有人強調的那樣，被公眾輿論熱切地歡迎嗎？（第七章）；(5)宣傳──特別是報紙的宣傳──是否使戰爭持續進行？（第八章）；(6)為什麼大英帝國以其龐大的經濟優勢，卻仍不足以讓同盟國更快地戰敗，而需要美國的介入？（第九章與第十一章）；(7)為什麼德國的優勢軍力沒能在西方戰線上擊敗英國與法國軍隊，就像德軍在東邊擊敗塞爾維亞、羅馬尼亞與俄羅斯那樣？（第十章）；(8)為什麼當戰場上的狀況如此悽慘，人們還要繼續戰鬥？（第十二章）

這些種種有關人類首次總體戰的問題，弗格森不僅透過國際政治與軍事角度分析，也藉由後方工廠的生產、媒體報導、藝術、文學等角度，再現了一戰的社會文化圖像。

就弗格森而言，這無疑是一場媒體戰爭，戰爭宣傳與其說是政府控制的結果，倒不如說是媒體、學者、職業作家與電影工作者自動自發動員出來的。

同樣屬於大歷史的有《夢遊者：一九一四年歐洲如何邁向戰爭之路》，這本書的作者是克里斯多福．克拉克（Christopher Clark）。本書曾經獲選《紐約時報》二〇一三年十大好書，《洛杉磯時報》圖書獎，作者更曾經是英國歷史學界殊榮「沃爾夫森」歷史著作獎得主。克拉克是英國劍橋大學現代歐洲史教授，澳洲人文科學院院士，因對德國歷史研究有重要貢獻，曾獲德國政府頒發十字勛章。究竟一戰是如何發生的？沒人能說得清楚。我們一般印象是一九一四年六月二十八日早晨，奧匈帝國斐迪南大公在塞爾維亞遇刺開始，因而引發的戰火。克拉克關心的問題是，為何危機會在短短數週內升溫成世界大戰？歐洲國家是如何分裂成相互敵對的同盟的？是個人或是國家決策的錯誤？為什麼每個國家都宣稱他們是無端地被捲入戰爭？克拉克透過繁瑣的歷史檔案，再現了維也納、柏林、聖彼得堡、巴黎、倫敦及貝爾格勒這些決策中心所發生的事情。他聚焦的是大戰爆發前十年歐洲外交界的那些重量級人物，分析他們的性格、國內影響及對外部地緣政治的認識及動機。他有個結論是「一戰是歐洲各國所上演的一場悲劇，而非一種罪行，他們是一群懵懵懂懂，不知未來走向的『夢遊者』」。

隨著日常生活史的興起，西方史家也開始關注士兵的日常生活。蒙呂克（Montluc）在《回憶錄》中曾說過：「歷史學家們只為王公貴族的榮譽寫作。而我在作品中提到很多勇敢的士兵和善良的人們，對於他們，歷史學家卻從不提起，似乎他們從來沒有存在過。」法國史家雅克·梅耶（Jacques Meyer）的經典研究《第一次世界大戰時期士兵的日常生活（一九一四－一九一八）》將我們對一戰的視線，重新拉回到戰爭的主角士兵身上。在書中，他援引了許多戰友的書信、感想與回憶錄，描繪了這些生命不受保障、沒有特權的普通士兵的戰地生活。在〈前言〉一開頭的標題，他就問了一個讓人思考的好問題：「士兵們真的曾經有過日常生活嗎？」在梅耶的生動描繪下，我們才見識到士兵的日常生活和他們「從前」的生活大不相同，和之後的生活也不一樣，這一段經歷在他們正常的生活中劃開一道傷口，卻又很快地彌合起來，留給人們的只是回憶，另一段生活的回憶。

有關日常生活，梅耶下了這樣的定義：「這裡當然不可能指普通意義上的日常生活：一般情況下這個詞的整體意義就是同時代的人大體相同的生活，代表的應該是特定人物的普通生活，例如十七、十八世紀的法國資產階級，或是意〔義〕大利文藝復興時期的大領主。因為第一次世界大戰時期，士兵們面臨每時每刻都影響著他們的生活節奏，死亡的危險隨時降臨，死亡的可能性不勝枚舉，以至於談論士兵的日常死亡，倒是很正常的事情。」此外逃避到後方的軍士，他們的生活也算是「日常生活」。他從五個方面談日常生活：人物與背景、戰壕裡的人、殊死決戰、修整、老兵。首先，給士兵角色定位，按照戰爭的進度與地理環境，也根據兵種、職務、軍階。其次，試圖在他們最多樣的生活中，描述最稱得上日常生活的，就是戰壕中的日子。作者還提到士兵的其他生活方式——「休息」，在結尾部分則試圖找出老兵身上由於歲月流逝而模糊的「老戰士」痕跡。

我印象特別深刻的是有關戰壕裡士兵的娛樂部分。他提到有位士兵的回憶道：「聖誕節來臨的時候，除非是緊張局勢，否則德軍也加入到讓人期待已久的慶祝中來。我還記得……一九一五年十二月二十五日……，當時一片寂靜，只有寒風在樹林中颼颼作響。我們的士兵打起呼哨來，那聲音就像鳥的鳴叫聲。那邊的德國人心情也一下好了起來，開始跟我們一起打呼哨。在我們右邊的奧弗列的本土保衛軍，他們語調誇張地唱起

『平安夜之歌』……然後我們斜靠在射擊垛上也開始唱『亞當』的聖誕這首歌，機槍手中尉吹笛子給我們簡單地伴奏。德國人在那邊歡呼：好啊！這個時候沒有槍聲。」這段描述簡直和電影《近距交戰》的情節有幾分神似。

此外，士兵在無聊時是如何打發時間的？梅耶說主要是打牌，一副沾滿油汙、嚴重磨損的撲克牌可以說明使用率。還有一種讓不少人著迷的娛樂是：攝影。當時袖珍型柯達相機從一九一五年風靡全球，體積相當輕小，售價六十五法郎。很多城市出身的士兵都請人代購，為的是能夠在前線留影作為紀念。相機的套子可以掛在武裝帶上，這樣就可以隨身攜帶。有些人千方百計想拍出一些生動獨特的照片，有時候會將相機對準陰森恐怖的場景，例如「一連串倒地的屍體」。大多數人還是選擇在安全的地方拍照，如有可能，大家會在戰場上找一處認得出來的地方作背景。

梅耶還提到一種類似旅行者與遊客的狂熱行為，這種嗜好讓士兵成為「收藏狂」。像是有人對於收藏炮彈的引信感興趣，有人喜歡蒐集戰利品，像是毛瑟槍、巴拉貝倫手槍、鋸齒刀、頭盔、皇家鷹徽、武裝帶上的普魯士王冠圖像、彩色肩章。有時士兵會自己創造戰爭紀念品，有時是為了賣給後方一些休假的軍人。製作的材料有的來自德國軍裝上的扣子、炮彈殼和上頭的金屬圈，特別是引信管。戰壕裡的工藝品不限於首飾，有的會將照明彈殼裡面安裝上打火絨變成打火機；信號彈降落後的傘拿來做手帕；有的則是將銅質炮彈殼推銷給別人做花瓶，這個傳統保持有五十年，有些節儉的人家至今還這樣做。

戰壕裡的士兵還有種娛樂是偷獵，這在森林地帶的戰地很受歡迎。例如有些農民身分的士兵會安置套索來抓野兔。閒著無聊的士兵有時則會用槍來打鳥，但這很容易暴露出行蹤引起德軍偵察員開槍射擊。打魚有時也會給士兵帶來許多樂趣，雖然這是被禁止的。士兵通常會在河裡丟手榴彈炸魚，這種舉動容易使河流裡的魚蝦絕跡，常引起居民的反彈。

同樣跳脫大歷史架構的有彼得．英格朗（Peter Englund）的《美麗與哀愁：第一次世界大戰個人史》。上述這些書中，我最喜歡的是這本。作者自陳這本書談的不是大戰的事實，裡頭沒有原因、過程、結局與後果，而是描寫其中感覺大戰的模樣，所以整本讀完，我們讀到的不是事件，而是活生生的人的感受、印象、體驗與情緒。這種既有當代史學的微觀與日常生活取向，也有二〇一五年這屆國際歷史科學大會所提倡的主題之一「情感的歷史」特色。這種身兼史家扎實的歷史考證與文學家小說場景描述與敘事筆法，塑造了英格朗這位瑞典史家的獨特風格，在一批大歷史的一戰歷史書寫中相當搶眼。

英格朗提到：「這二十個人物裡，雖然大多數都不免捲入充滿戲劇性的可怕事件，我的焦點主要卻是集中在第一次世界大戰中的日常面向。因為，就一方面而言，本書乃是一本反歷史，企圖解構這起劃時代的重大事件，將其化約至最小的基本組成元素：個別的人，以及他們的經歷。」

事實上，透過人物介紹，我們會發現作者談的是二十二個人，不是二十人。這些人物的身分涵蓋了貴族夫人、勞保局職員、女學生、國防軍少尉、救援人員、公海艦隊水兵、騎兵、俄國工兵、護士、丹麥士兵、公務員、英國步兵、澳洲工兵、法國步兵、委內瑞拉騎兵、軍醫、英國步兵、戰機飛行員、澳洲駕駛員、義裔美籍步兵、紐西蘭炮兵、阿爾卑斯山地軍團騎兵。

他的寫法相當特別，果然是一種解構的寫法，若是傳統做法，可能就是二十二個人，就二十二段獨立的故事，可他不是，他反而是以時間為主軸，從一九一四至一九一八年，將這二十二人的故事散在這段時間軸上。比如第一位出場的波蘭貴族的美籍夫人，她出現在書中不超過十次，在頁八、二七、三六、六二、一一六、一六四、一八六、二一〇、二一六。這些小人物突然地出現在戰事中，也莫名地結束在戰事中，就像這場戰爭一樣。

我是研究醫療史的，對書中的醫療記載特別留意。茲摘錄如下：

許多士兵的腳都深感痠痛，而且凍成了青色，幾乎無法活動，似乎是成天站在冰冷泥水中造成的結果。第二，有不少人為了逃避上戰場而裝病，另外有些人則是因為羞愧或虛榮心而誇大自己的病情。（頁一三二）

愈來愈多人都受到了虱子感染。（頁二五七）

有些地方已經彌漫著濃厚的惡臭，原因是陣亡士兵的屍體被人拋出壕溝與溝渠外，現在已在炙熱的太陽曝晒下變黑、腫脹、腐爛。（頁二五九）

要將他轉送到聖奧斯多瓦精神病院接受「觀察與收容」。「症狀：躁狂型腦部斑疹傷寒——對病患本身以及別人都具有危險性。」（頁二八七）

許多人罹患了斑疹傷寒與天花，而且疫情又因為兩項因素而更加惡化：一是居住環境的過度擁擠導致疫病擴散的速度更快，二是糧食的短缺。……但是牛油、雞蛋與酵母這類基本必需品卻很難買到，而且就算買到，價格也是高得荒唐。（頁三一一）

醫師們對穆齊爾嚴重的口腔感染束手無策。（他們獲悉他有梅毒病史，為了保險起見，他們給了他一劑特效水銀藥劑，可能還使他的狀況惡化。）（頁三二四）

她幫助兩位腹部受傷已開刀救治的傷患。這類傷勢的預後非常不看好，主要是因為腸子的內容物一旦流入腹腔，就很難避免致命的感染現象。（頁三六四）

由於整個地區都欠缺糧食，斑疹傷寒因此廣為流行，造成的衝擊對剛遷居至這座城市的猶太人口而言感受尤其強烈。（頁三七〇）

性病的傳染也大幅增加。許多軍隊都固定向休假士兵發放保險套。……最噁心的一種現象，就是淋病膿汁的交易——有些士兵會購買這種濃汁，塗在生殖器官上，盼望自己能夠因此染病而被送進醫院。（頁三八〇）

在各個受到軍隊駐守的城鎮裡，婚外受孕與非法墮胎的情形就大幅增加。（頁三

八三）

威里一直因為醫療上的原因而獲得兵役豁免：因為猩紅熱而導致膝蓋積水以及心臟無力。（頁五七〇）

名義上，東方軍隊號稱有六十萬人，但由於瘧疾、登革熱及其他疾病的肆虐，以致實際上真正能夠執行勤務的只有十萬人左右。（頁五七二）

院裡的兒童幾乎全都有營養不良的問題，不然就是患有營養不良而引起的疾病。（頁六一九）

四十二號專精於一種特殊的大腦疾病：這種大腦疾病會導致手部僵硬與跛腳。（頁六二五）

全城約有三分之一的人口都染上同一種疾病：西班牙流感。（頁六三五）

他染上了在歐洲各地——實際上是全世界各地——已經傳染了許多人的流感。這種疾病源自南非，卻被稱為「西班牙流感」。（頁六三六）

這名年輕上尉據說罹患了某種彈震症。（頁六三九）

然而，再現歷史的不會只有歷史作品，作家如何以遊記的方式，從「紀念」角度切入，探討小說、散文、詩、電影與攝影作品等創作，來形塑戰爭期與戰後世代對戰爭的記憶與看法，也是了解一戰的方法之一。英國作家傑夫·代爾（Geoff Dyer）的《消失在索穆河的士兵》即是一本不同於史家取徑的奇書。

在書中，作者走訪了一戰最慘烈的索穆河戰場，以及無數散落在英、法、比利時及加拿大各地，與一戰有關的紀念碑、墳墓、戰爭博物館、雕像。對代爾來說，戰爭的現實不僅被有組織的陣亡將士、和平紀念碑、無名英雄、兩分鐘默哀、罌粟花崇拜所掩蓋。我們對戰爭的認知，以及戰爭認知中內含的相互交織的「神話」與「現實」兩種對立觀念，是在實際敵對狀態結束後的十幾年內，透過複雜纏繞及相互衝突的許多記憶，給積極建構出來的。

總體來看，上述從歷史到文學創作，華文出版市場有關一戰書籍的譯著，還是以歐洲戰場為主體。事實上，中國也算是另外一種形式的戰爭受害者，近來已經有一些關於中國勞工參與戰事的西文研究，相當值得關注。有了這些不同作品的彼此參照，我們或許才能明瞭，為何一戰會如同弗格森所說，「是令人憐憫的」、「是個遺憾」，甚至是不折不扣的「當代史最重大的錯誤」。

# 15 既沒有洪秀全，也沒有曾國藩的太平天國「內戰」

目前最新的中學課本，是這樣描述太平天國運動的：「一八五〇年，洪秀全啟示，隔年建號太平天國，洪秀全自稱天王。至一八五三年占領南京，改名天京，定為國都。當太平軍勢盛之時，曾國藩奉命幫辦湖南團練。因太平天國奉行的教義源自基督教，大肆破壞傳統文化與社會倫理，曾國藩遂以維護儒家傳統名教為號召，組成湘軍與之對抗。不久太平天國發生內訌，加上李鴻章率領的淮軍及洋人助戰，局面轉向對清軍有利。」短短幾句話，就將這場中國歷史上死傷最慘重的內戰簡單帶過。

這樣的描述，讓我們在想到太平天國時，似乎就只記得有洪秀全、曾國藩、李鴻章，其餘沒了。

不僅是教科書，以往有關太平天國的幾本名著，也都將重點放在這幾號人物，像是史景遷的《太平天國》（時報，二〇一六），或者是普拉特（Stephen R. Platt）的《太平天國之秋》（衛城，二〇一三）。敘事史大師史景遷擅長寫歷史人物，他將焦點集中在探討洪秀全的內心世界，試圖理解此人何以能在短短幾年內對他的國家產生如此驚人的影響。而普拉特則從全球史及國際的角度切入，特別著重於英美各國在軍事與外交上對太平天國的影響。除了曾國藩之外，他亦特別側重洪秀全的族弟洪仁玕。

然而，美國史家梅爾清（Tobie Meyer-Fong）的《躁動的亡魂：太平天國戰爭的暴力、失序與死亡》不同於上述幾本名著，她的寫法完全翻轉我們的刻板印象，她將重點放在那些因戰爭而遭受苦難的民眾身上。

梅爾清教授的研究取向，可以代表美國清史研究中的「文化轉向」這一派。要理解她為何研究太平天國，可能要先從她的成名作《清初揚州文化》著手。可惜的是，這本書的簡體版翻譯錯誤頗多，若有機會應該重譯。此書主要在講述一六四五年滿人征服後的揚州，如何建構城市裡的名勝。梅爾清在完成這本書稿後衍生出新的關注點：她發現書中提到的所有揚州名勝，都在十九世紀的太平天國戰爭中被摧毀殆盡。這觸發她開始思考這場戰爭對於失去性命的數百萬民眾而言，代表了什麼？

就我而言，梅爾清的研究有著相當濃厚的新文化史研究取向。若相對於台灣這幾年引進的美國學界的清史研究，就可看出我們的出版市場的偏食現象：太強調新清史對於滿文、邊境、族群及宮廷的關注，而少了這種有關死亡、記憶、情感及傷痛寫作特色的文化史著作。

若檢視這種研究光譜，我們可以發現近來的清史研究是新清史當道，強調「邊境轉向」，主張透過滿文資料以及將視角轉向清帝國的邊界，探討清的多元文化特色。哈佛帝制中國史系列的《中國最後的帝國：大清王朝》，作者羅威廉就談到當代美國的清代史研究，以三個重要的修正性轉向為標誌。

第一個階段是一九七〇至八〇年代的「社會史轉向」（social history turn），不強調政治、軍事或外交事件，而是強調長時段時間緩慢發展的社會、經濟與文化結構。

第二階段是「內亞轉向」（the Inner Asian turn）。這一派強調文化史研究，重視「再現」，以建構論看待族群與性別。其中有關清史的研究，這派主張「滿洲認同」是清征服中國後的歷史建構。清朝將自己視為普世帝國、多民族政體。清的統治者並未打算全然漢化其領地，而是扮演著儒家的天子角色；但在面對不同族群時，則會轉化以不同形象來對待，且相當謹慎地經營非漢族的自我認同。這樣的新清史學派驅使了一批研究清帝國邊疆擴張的趨勢。

第三階段是最新的「歐亞轉向」（Eurasian turn），與第二階段的文化史有密切關聯，但更強調世界史與生態史的取向。在這階段的研究特色，挑戰了過往歐、亞的二分法，主張歐亞大陸整體的不同部分是沿著可比較的發展軌跡在往前進。在此脈絡下，清帝國不再只是中國王朝更替下的一個朝代，學者開始將其與鄂圖曼帝國、蒙兀兒帝國，甚至拿破崙帝國的相似性進行比較。此派甚至挑戰了將明、清相連看待的「中國帝國晚期觀」——此說認為中國早期近代性是始於清軍入關的一六四四年，而不是更早之前的明代。

除了上述這些有跨國及全球史取向的研究外，文化史取向的著作相當值得引介給台灣讀者認識，梅爾清就是其中一位代表人物。

本書原文版在二〇一三年出版時，我組了一個明清文化史讀書會，有七位研究生共同研讀，本書譯者之一的蕭琪就是當時成員。之後約二〇一四年，我又將此書引介給浙江大學出版社，列為「新史學譯叢」的其中一冊。譯稿其實二〇一八年就已經完成，可惜卡在中美貿易大戰，美國作者的著作審批不過，因此拿不到書號而作罷。二〇二〇年初我將翻譯版權自浙大拿回，趕緊接洽台灣的出版社，最後落腳衛城，也圓了梅爾清教授最早想在台灣出譯本的夢想。

《躁動的亡魂》重點不是寫太平天國戰爭的事件經過，也並非聚焦幾位大人物，而是以比較中立的態度在討論這場戰爭。本書基本上有以下特點：首先，本書的動機與問題意識相當獨特。過往有關太平天國的主流論述，常因時空背景的轉換，而對戰爭、王朝、太平軍、死者的批判，有一百八十度的大翻轉；常因民族大義，掩蓋了無意義的暴力，掩蓋了情感，掩蓋了失去。因此，作者想要知道，死者的屍骸下落如何？戰爭時如何安排喪葬事宜？戰爭結束時，倖存者如何看重朝廷賜予的榮耀？喪失之痛對倖存者帶來如何的情感衝擊？我們如何在各種的紀念方式中，找尋情感回應的線索？

《躁動的亡魂》不再以中國革命史的角度來評斷太平天國的意義，而是把焦點放在日常經驗上。透過展現個人的痛苦、喪失感、宗教熱誠，以及各種感官情緒，梅爾清希望改變我們對十九世紀中國的認識，並拿來比對其他時空的戰爭與政治暴力。

其次，作者將太平天國戰爭定位為「內戰」，觀念相當新穎。一般我們常見的是「太平天國革命運動」、「太平之亂」。作者認為使用內戰這一名稱，讓我們不再把這場戰爭當作是十九世紀中國獨一無二的特例，而是能與不同時間及地點的其他事件做比較。此外，這使我們不再只是關注洪秀全個人或信眾的奇特意識形態，而能聚焦在戰爭的傷害上。這樣的視角得以避開很多以往被拿來描述這場戰爭的關鍵字，像是農民起義、革命者、叛亂、洪楊之亂、狂熱宗教信仰或長毛。

第三，有關史料的運用，作者也有獨到之處。作者所蒐集的史料相當多元，除了一般常見檔案外，舉凡日記、善書、方志、寶卷、旅人記述、傳教士報告及回憶錄。這些資料的引用，囊括了各種不同聲音，目的在彰顯個人及地方經驗與官方記載之間的矛盾。特別是一些回憶錄與日記，對清朝都抱持嚴厲批評的看法。至於那些外國旅人、外交官、傳教士甚至傭兵的見聞，作者也沒有把它們當作客觀目擊者，而是將它們的聲音視為多重視角的代表。

第四，作者擅寫人物，尤其是我們一般不大熟悉，甚至完全沒聽過的人物，這些人物大多不會出現在史景遷及普拉特的著作中。這種書寫功力跟沈艾娣（Henrietta

Harrison）以劉大鵬的日記寫《夢醒子：一位華北鄉居者的人生（一八五七－一九四二）》的例子極為類似。

其中讓我印象最深刻的，是第二章中一位清朝政治秩序的布道者余治。這位來自鄉下的無名小卒，在戰時及戰爭前後，都極力倡導文化更新與道德轉化。在南京陷落之後，他透過宗教小冊子、劇本與善書，向那些改過向善的人承諾他們將會獲得救贖。此外，他將文昌信仰與慈善行動串在一起，神化文字，並藉此抨擊時代危機。余治還透過一部《潘公免災寶卷》，講述他的好友潘曾沂的故事。他把潘公塑造成儒釋道三教美德的化身，透過宣講、朗讀，讓民眾累積善行，避免災禍。除了善書及寶卷，他還出版了圖文書《江南鐵淚圖》。目的是激發那些有意願作功德的人多進行捐獻，以幫助顛沛流離的江南民眾。之所以會有這些義舉，余治的核心思想還是認為這場對抗太平軍的戰爭不只是宗教戰爭、文化戰爭，更是意識形態戰爭。

倒數第二章張光烈的故事也很吸引人。這人是一位在太平天國戰後盡全力紀念母親的男子。梅爾清考掘出一部相當重要的張光烈作品《辛酉記》，此書除了詳載清朝給予他母親的官方榮譽之外，還記述了他的喪母之痛。此書對梅爾清而言，既不是回憶錄，也不是傳記，而是融合兩者的作品。在這本書中，張光烈揭露太平天國帶來許多失序之舉，人們背叛、說謊、吃人、偷盜。而清軍也對本該保護的社群燒殺擄掠，就連官員也無法達到人民的期望，暴露出這些人貪腐又膽怯的一面。此外，《辛酉記》提醒我們，戰後並不是一個整齊重建、有序記錄忠義死者的過程。由於國家的紀念方式把個人形象抬到過高的位置，張光烈才會用文字記錄這些回憶片段，以挑戰官方敘事中黑白分明的道德觀。本書第三章所提到的李圭《思痛記》，也有類似的描述。反映出這些回憶所呈現的，正是因為這些經歷慘烈到言語無法描述的地步。

以上僅概要整理出幾點重點，本書雖然是學術著作，但作者的文筆優美，又以新文化史的敘事角度微觀過去我們所忽略掉的人事物，讀起來相當流暢。

由於本書出版於二〇一三年，距今已有一段時間，近來也已有些新的研究成果可供參考，有興趣的讀者或許可以再找來延伸閱讀。像是陳嶺（二〇一八）就研究了咸同之際，江南民眾的戰時逃難與日常生活。他的研究指出，民眾往往很難抉擇要留守還是逃離，有的舉家遷移，有的老人留守，或是壯丁看家，或全家人一半走一半留。但即便逃到鄉間，生活也是困苦，既有太平軍或清軍的劫掠，還要面對資源匱乏、物價高昂的問題。此時逃難者的心理、視覺、嗅覺、味覺等多方面感官體驗，相當值得進一步去理解。

有的研究者會特別強調日常生活史下的太平天國運動。梅爾清雖然沒有特別強調這樣的切入視角，但已經有了這方面的新文化史書寫特色。周勇軍（二〇一六）就透過一般不大常見的《管庭芬日記》，來談江南仕紳是如何應對這一場前所未有的生存危機。他透過日常生活的角度，考察管庭芬在太平天國運動時的戰爭經歷與情感體驗。魏星（二〇一八）則從戰後南京城所成立的金陵善後局，來看南京城的重建與管理。這機構的負責人為布政使、督糧道等地方官員，轄下設有保甲局、善後大捐局、穀米局、桑棉局等機構。並以此窺見近代中國城市管理的專門化與制度化趨勢。劉晨（二〇一八）則討論太平天國時期江南的社會恐慌。他認為，民眾對太平軍的恐懼，既有先天立場和後天觀念對立，也有求安和從眾的心態。吳滔、胡晶晶（二〇二〇）則強調空間與地理的研究，探討太平天國運動結束後的鎮江，江岸的職能與空間重構的機遇。而美國學者田曉菲則透過一部寫於十九世紀末的自敘傳《微蟲世界》，描述童年時代的作者，在「太平天國之亂」間的遭遇。法國宗教史學者高萬桑（Vincent Goossaert）則以戰爭、暴力與救劫主題，探討太平天國戰爭時期的宗教表現。透過戰後乩文重印的版本，作者認為這些作品延續了救劫思想，但更傾向於將戰爭理解為眾神的警告，而不是劫難本身。

《躁動的亡魂》的確是近年來美國學界清史研究的一本佳作，尤其在諸多新清史作品的圍繞下，本書的敘事筆法與濃密描述的新文化史取向，更凸顯出梅爾清的獨到之處。若將本書放在近來美國清史書寫的脈絡來看，便更可看見這本書的特色。關於這點，羅威廉在〈在美國書寫清史〉（二〇一五）一文中明白寫說：一般來看，在歷史學科中，美國學界的主要進展是將之前認為不會發生變化，或至少是非歷史學的因素，導入歷史學的研究中。這些要素又以身體與環境最為主要，例如開始重視健康與疾病等文化概念變遷的研究，關注身體創傷對行為與文化的影響，如纏足、紋身、殘疾與死亡等。梅爾清的這本《躁動的亡魂》正是這波新文化史風潮下的產物。

的確，這本書寫的雖然是戰爭對日常生活的影響，但放在新冠肺炎疫情對全球所造成的衝擊來看，兩者仍有許多相似之處。關於這點，梅爾清的中文版序言寫的很好。借用她的話，希望這一本關於苦難的書，可以教我們如何堅韌地面對這一切。

# 16 既有全球視野，也跨文化

## ——閱讀威廉・麥克尼爾

說到有關威尼斯的作品，你會想到什麼，一般人會想到的是莎士比亞筆下的《威尼斯商人》，我則聯想到英國作家珍・莫里斯（Jan Morris）那本當代書寫威尼斯的經典之作《威尼斯》。但這不是一本歷史書，也不是一本旅遊指南，更不算是報導文學。它更偏向主觀、浪漫、印象派及作者的經歷；而不是以都市為主體的寫作。少有人會想到麥克尼爾的《威尼斯共和國的故事：西歐的屏障與文明的門戶》。

對於台灣的讀者而言，麥克尼爾的大名，既熟悉又陌生，原因即在於他的著作豐碩，至今已經有三十幾部書。其中譯成中文的不超過五部，大家耳熟能詳的還是他的《西方的興起》和《瘟疫與人》，以及近來和他那研究環境史的兒子小麥克尼爾合著的《文明之網》。然而，我們對於他的了解其實相當有限。在中文學界裡，知道他曾經寫過威尼斯共和國這樣主題的一本書的人應當不多。更何況，《威尼斯共和國的故事》這本書出版在一九七四年，距今已經將近快五十年了。

本書不是麥克尼爾最知名的作品，卻是對於想要更進一步理解他日後史學著作理念的人不可或缺的一本書。要了解《威尼斯共和國的故事》一書，或許將它放在全球史寫作的光譜上來檢視，是個不錯的選擇。

全球史的出版在這十年間有逐漸增多的趨勢，相關的研究討論與論文也正不斷地關注這段時間的史學變化。伊格爾斯和王晴佳在《全球史學史》一書中，認為冷戰之後的歷史書寫有以下幾點變化：第一、文化轉向及語言學轉向導致了所謂的「新文化史」的興起；第二、婦女史與性別史的持續擴大；第三、在後現代主義批判的基礎上，歷史研究和社會科學建立起新的聯盟；第四、對國別史研究的挑戰；第五、世界史與全球史的興起。這五個研究方向的轉變，其中，又以新文化史及全球史的影響最為顯著。他們認為冷戰結束後，史學界出現了一個顯著的變化，那就是對世界史與全球史的關注不斷加強。

一九九〇年代之後，世界史的寫作有兩個不同的走向。一個是開始較早，約在一九七〇到一九八〇年代，以佛蘭克（Andre Gunder Frank）、沃夫（Eric Wolf）、華勒斯坦（Immanuel Wallerstein）等社會科學家，以及關心現代西方資本主義對世界上其他地區產生影響的經濟學家和社會學家為開端。威廉・麥克尼爾則代表第二種取向。他對經濟和政治因素的興趣不大，研究也不從歐洲中心論出發，而是樂於將更早年代的歷史涵蓋在內。直到一九九〇年代以後，「全球史」這個名詞才變得較為流行。

這十年來，歐美史學界有關全球史的理論、方法與實踐的研究有增多的趨勢。這方面的著作有：索格納（Solvi Sogner）編的《理解全球史》（*Making Sense of Global History*）；霍普金斯（A. G. Hopkins）編的《世界史中的全球化》（*Globalization in World History*）；本德（Thomas Bender）編的《全球時代中的美國史的再思考》（*Rethinking American History in a Global Age*）；曼寧（Patrick Manning）的《航向世界史：史家建立的全球過往》（*Navigating World History: Historicans Create a Global Past*）；馬茲利什（Bruce Mazlish）及入江昭（Akira Iriye）合編的《全球史讀本》（*The Global History Reader*），除了史家作品外，也納入人類學及發展研究的文章；霍普金斯編的《全球史：世界與地方間的交流》（*Global History: Interactions Between the*

*Universal and the Local*）；吉爾斯（Barry K. Gills）和湯普森（William R. Thompson）合編的《全球化與全球史》（*Globalization and Global History*）；柯嬌燕的《書寫大歷史：閱讀全球的第一堂課》；馬茲利什的《新全球史》（*The New Global History*）；史登斯（Peter N. Stearns）的《世界史中的全球化》（*Globalization in World History*, 2010）；以及薩克森麥爾（Dominic Sachsenmaier）的《全球視野下的全球史》（*Global Perspectives on Global History: Theories and Approaches in a Connected World*）。

上述書籍的出版或許正可以反映當前西方史學的「全球轉向」，而這種「全球轉向」的特色之一，即在於史學作品的「空間轉向」——或者說是史學跨越民族國家的領土疆界，朝著區域、大陸及半球等空間發展。

已有愈來愈多的史家開始撰寫全球化的歷史。這種興趣的轉變反映我們所處的時代是個變動的世界。如果說這種改變的動力大多是來自學術社群，那需求則來自新世代的年輕學子，他們漸漸不為民族國家的歷史形式所束縛。霍普金斯更認為全球史的課題相當有潛力，因為它吸引了所有歷史學的次學科：經濟、社會、政治、文化和思想。新的主題如汙染、疾病及醫藥都是熱門話題；而舊的課題如帝國也能重新檢視。

讓人更為期待的是，這是多年來首次歷史學與社會科學的夥伴學科的重新連結。國際關係理論已經由新現實主義轉變到探索機構與想法。新經濟史則涵蓋了有關財產權、競租行為、交易價值、種族淵源、暴力，以及在政治不穩定的各種情況的重要論辯。

倫敦政經學院經濟系教授歐布萊恩（Patrick O'Brien）則認為全球史符合我們當代的需求。他於二〇〇六年曾幫新發行的期刊《全球史期刊》（*Journal of Global History*）寫過一篇長序〈歷史學的傳統與全球史回歸的當代必要性〉。這篇文章首先描述全球史研究的兩個取向：連結（connexion）與比較（comparisons）。而後觀察當歐洲的地緣政治超越了世界所有地區成為霸權時，早期歐洲與其他歷史傳統的中心書寫的特色。在過去兩個世紀以來，所有的歷史學傳統對於西方的興起大多採取歌功頌德或回應的態度。全球史的回歸所影響的歷史敘事使得學界能夠有普世性的世界觀，並符合我們全球化世界的需求。

我們目前所見到的全球史的發展仍是進行式，相較於其他史學領域的發展，它的資歷尚淺。在目前可見的研究成果中，我們可大致歸納出幾點全球史的發展趨勢。首先，它挑戰了過去民族國家史的書寫限制，將視野擴展到地方、區域、國家、半球之間的彼此聯繫。其次，全球史的研究已經跳脫以往建立宏大體系與理論的框框，許多兼具宏觀及微觀的文章開始受到重視。復次，全球史讓研究者帶有一種全球視野的角度看問題，因此類似上一波史學的「文化轉向」，促使了史學的各次學科有了新的研究取向，舉凡環境史、社會史、性別史、經濟史、外交史、教育史、醫療史都紛紛強調全球視野下的研究角度。第四，研究者多為跨學科的學者，不限於史學家的專利，像是社會學、經濟學、政治學、國際關係及地理學。第五，全球史專業學術期刊的出現，例如《全球史期刊》。最後，全球史研究專門機構的紛紛成立。

「文化相遇」（cultural encounters）亦是近來學界關注的重點。這種研究兼顧了新文化史與全球史的研究特色。新文化史研究中有關「文化邊界」（cultural frontiers）與「文化相遇」的概念是近來研究文化交流常被討論的觀點。有關這個課題，臺大教授陳慧宏在〈「文化相遇的方法論」——評析中歐文化交流研究的新視野〉一文有深入的討論。

陳慧宏提出兩個分析方向，一是關於「他者」（the other）的問題。有學者認為：強調歐洲對他者的建構，也有可能受到他者以及他者針對歐洲人的自我建構所形塑。因此，我們會發現，中歐文化接觸的研究中，並非單純地由歐洲中心轉向地區文化而已。需要思考的是，在獲致平衡觀點的結果，強勢的地區文化該如何處理？第二是文化史研究的理論。陳慧宏提出了近年來蓬勃發展的中歐文化相遇的研究，在過去與未來如何讓跨文化的研究豐富歷史學的方法論，不可避免地要從西方歷史學方法論的轉向文化史之取徑來作理解。例如二〇〇七年彼得・柏克與夏伯嘉合編的近代早期歐洲文化史著作《歐洲近代早期的文化轉譯》（*Cultural Translation in Early Modern Europe*）便是將焦點集中在「轉譯」（translation）的課題上。在交往互動與溝通妥協的概念下，「交流」（exchange）一詞退居到較不顯著的位置。

此外，陳慧宏提醒我們，在某種意義上，文化結構的定義是以文本為指標。她不認同某些學者所說的：「資訊的傳遞除了文本的形式，還包括地圖、各種物品和文化習慣等，但分析中心仍是文本，因為文本是留存下來的最重要資料。」陳慧宏認為我們應當要參考夏提葉（Roger Chartier）的研究，要特別留意「文化產品」（cultural product）如書籍、圖畫和觀念等物質文化的材料。此外，她認為「相遇」一詞的深遠含意，應該是指向一種世界史概念的文化之間的接觸，以及意識性與隨機性的跨文化互動，而這也應是我們對整體跨文化交流歷史研究開發的期許。

有了對上述全球視野與文化轉向的研究取向的認識，我們就比較清楚該如何看待《威尼斯共和國的故事》這本書。就我個人而言，《威尼斯共和國的故事》雖然不像近來的全球史著作，已經標舉出全球史這樣的史學旗號，但初步已經有了全球的視野，也關注到文化相遇的課題。

《威尼斯共和國的故事》一書描述的時間長達七百年，從十一世紀到十八世紀。他選擇一般史家所忽略的東歐及南歐歷史。他認為這個地區的不同民族的文化交流永遠不會停止，而且還是歷史變遷的主要動力。而本書的主角威尼斯共和國就在此過程中扮演關鍵的角色。他們不僅是重要媒介，也是領導者。打從中世紀起，威尼斯人依賴貿易通商，他們就是拉丁世界連結希臘、斯拉夫和土耳其地區最根深蒂固的中間人。麥克尼爾在此書充分展現他過往寫《西方的興起》的功力，信手拈來就將羅馬語、希臘語、斯拉夫語及土耳其語的材料拼湊出一幅完整的威尼斯共和國，或說是威尼斯帝國興衰過程的歷史圖像。

透過此書，我們終於可以弄清楚，為何如此一個小巧邦國，得以從一開始就享有拜占庭帝國的特權地位，而在爾後幾百年間，透過這些小型淡水湖中的一連串島嶼，憑靠位於亞得里亞海邊的優越位置，壟斷了地中海利潤豐厚的海外貿易。所以我們知道了許多相當精彩的威尼斯故事：威尼斯貿易成功的關鍵之一是建立著名的國營造船廠；結合了拜占庭國家政策與義大利企業這兩個因素，使得帝國的遠距海上商業落入了義大利人手中。至於為何義大利人能夠長期占據各種領導地位呢？一是低政治軍事開銷，二是義大利貿易城市的調動資源的方式。

在關注威尼斯的政經制度特色的同時，《威尼斯共和國的故事》也將歷史場景拉到威尼斯以外的地區，注意到在一四八一年之後，鄂圖曼帝國已經儼然成為新秩序的強權國家，此處麥克尼爾已經提出了日後他另外一本重要著作《火藥帝國的時代》中，莫斯科大公國、西班牙君主國、伊朗薩菲王朝、印度蒙兀兒等海外帝國藉由火藥來支配世界的概念。然而，相較全球的軍事技術革命，地中海的海事革命，或許只是地區性的發展，但威尼斯依然是一股不可輕忽的力量。

在書中，麥克尼爾也從文化同化與排斥模式來看，在一二八二至一四八一年間，明顯受到威尼斯文化影響的歐洲區域。此時，歐洲有三種高度文化彼此競爭：歌德式、拜占庭式及蒙古－突厥式複合文化。到了一四八一至一六六九年，威尼斯共和國的情勢則開始走下坡。此一時期，歐陸勢力板塊移動，威尼斯不再是鄂圖曼帝國的對手。然而，最終重創威尼斯的因素，主要還是因為商船技術的落後、資源及食物短缺、行政體系的僵化、瘟疫的侵襲、艦隊失去優勢等等。

最後，到了一六六九年，歐洲創造力最為活躍的中心已經移到阿爾卑斯山北部，威尼斯人在海外的發展大幅縮減。城市的活動範圍也縮小至地方活動。此時的威尼斯已成為落後地區，活在過去的城市。然而，值得讚賞的是，儘管政經轉變如此巨大，威尼斯的文化力量仍處於巔峰。

由於威尼斯共和國由盛而衰的過程中，都牽涉周邊其他國家的發展，各個階段的歷史面貌極其複雜，因此《威尼斯共和國的故事》在閱讀上不是一件容易的事。無論內容、敘事手法及格式，都非針對一般讀者而寫。也因為如此，本書對於威尼斯共和國的歷史事實較過往許多文學作品有更多的描繪，相當適合對歷史典故有深度考據癖好的讀者深入閱讀。

有了《威尼斯共和國的故事》中文譯本的問世，我想，威尼斯不再僅是一座平面的水上之都，也不是面具、貢多拉、猶太商人等名詞的集合體；而是一座擁有七百年歷史的活生生城市。正如同麥克尼爾在本書目次之前的引文所說的：「她曾經掌握迷人的東方之境，也曾是西方的屏障門戶。她從未貶低自己高貴的身價。威尼斯，自由的長女。」

《威尼斯共和國的故事》一書的翻譯出版，正提供了我們一個閱讀威尼斯的興衰歷史的最好選擇。

# 17 亞洲海洋史研究入門

有學者認為近來的日本亞洲前近代研究在海洋史方面有顯著的發展，成果相當豐富。這些研究許多是奠立在歐美的大西洋、地中海與印度洋的研究，以及日本明清史、東南亞史研究的積累上，而最大的變化是日本史中的海洋史研究的蓬勃發展。

京都大學人文科學研究所村上衛教授的這個觀察，我們在中島樂章的《南蛮・紅毛・唐人——一六・一七世紀の東アジア海域》中也能見到。在這本論文集的導論裡，他提出日本自上世紀初以來的十六、十七世紀東亞海洋史研究，約略可分為三個時期：第一時期（一九〇〇－一九四五）以南洋史、日歐關係史及日中關係史為重點；第二時期（一九四五－一九九〇）以基督宗教東傳史、日蘭關係及日中關係史為主；第三期（一九九〇－現在）則研究主題大幅增加，且成果常以叢書形式呈現。涵蓋了：日本史、亞洲交易圈與朝貢貿易、日明關係、日清關係、日歐關係、日朝關係、日蘭關係、中朝交流、東南亞港市國家，以及融合南歐、日本及漢籍史料的跨文化研究，近期取向則漸採用全球史的視野。

在這些研究中，有十本著作相當值得關注。

首先，若想要很快地掌握這亞洲海洋史方面的研究趨勢，你手邊得要有一本研究入門。

桃木至朗編的《亞洲海洋史研究入門》（《海域アジア史研究入門》，岩波書店，二〇〇八）是其中首選。桃木至朗是大阪大學大學院文學研究科教授，專長為亞洲海洋史、越南中近世史。全書分兩篇，第一篇以時間區隔，分為中世、近世前期、近世後期；第二篇為專論。

其中共收錄二十五位重要海洋史研究學者的文章。第一篇主題涵蓋：海上帝國的中國；蒙古帝國與海洋亞洲；宋元時代的東南亞海洋史；日本列島與海域世界；明朝的國際體系與海域世界；琉球王國的形成與展開；日明的外交與貿易；日朝的多元關係的開展；倭寇論；「交易時代」的東亞與東南亞；歐洲勢力的抬頭與日本人的亞洲進出；從經濟史看近世後期海洋史；近世後期東亞的交通管理與國際秩序；蝦夷地與琉球；東南亞的港市國家的形成；十八世紀東南亞與世界經濟；近世後期的世界體系。第二篇有：海陸的互市貿易與國家；港市社會論：長崎與廣州；貿易陶瓷；海產物交易；造船技術；航海神祇；漂流與海難；海域亞洲史與東亞文獻史料。

日本這方面的研究還真是人才濟濟，不管是中國史、東亞史、東南亞或者是南亞史都可以找到相關研究人員，這不是短時間可以發展出來的學科，人家可是發展了數十年，已經累積了好幾代學者的功力。反觀我們，雖然海洋史好像也搞了很久，但能搬上檯面的還真沒幾人，近年來比較熱門的課題大概就屬中研院文哲所的整合型計畫「東亞文化意象之形塑」。

以下讓我們來認識一下這本研究手冊的寫手。

就研究專長領域來區分的話，還可細分為：日本古代史、日本中近世對外關係史、日本近世史、東亞海洋史、亞洲海洋史、琉球史、蒙古帝國史、明琉球關係史、日中關係史、東南亞史、東北亞史、大英帝國史、東南亞考古學、船文化史、中國清代史。

整體來看，這本書所找到的專家研究領域不限於中國史或日中交流史的學者，若平常只注意日本中國史的研究動態的話，許多人的大名會令你感到陌生，這其中台灣朋友最熟悉的名字可能會是中研院人文社會科學研究中心的研究員劉序楓。

趁著這個機會，讓我們來熟悉幾位重要研究者，像是：桃木至朗、中島樂章、岡美穗子、杉山清彥、太田淳、秋田茂、藤田明良。

這裡頭最資深的當屬桃木至朗與秋田茂，都是大阪大學文學研究科的世界史講座教授，常見兩人的合作項目，二〇一六年合作的書是合編《全球史與戰爭》（《グローバルヒストリーと戦争》）。秋田茂是日本世界史研究中少數特別標榜全球史或國際史研究取向的學者，我常關注他的每一本新作。他二〇一七年的著作《帝国から開発援助へ——戦後アジア国際秩序と工業化》，就是延續過往的大英帝國史研究，以印度、韓國及香港例子探討戰後的經濟援助與開發以及亞洲的國際經濟秩序，很有全球史特色。

研究中國史的朋友可能會對中島樂章較為熟悉，他目前是九州大學大學院人文科學研究院教授。他最早的研究課題是明清徽州商人，之後參與「東アジア海域叢書」的計畫，撰有《寧波と博多》。這之間又曾與藤田明良、鹿毛敏夫、岡美穗子、山崎岳合作參與了「東アジア海域交流與日本傳統文化的形成」，二〇一三年編有《南蛮・紅毛・

唐人——一六・一七世紀の東アジア海域》，這書結合了日本史與東洋史學者共同探討亞洲海洋史，這在過往較為少見。

說到日本史與東洋史學者的合作，藤田明良與岡美穗子也是這方面書籍的常客，一樣出現在《南蛮・紅毛・唐人》一書。藤田是天理大學國際學部教授，專長是日本中世史與東亞海洋史，多次有文章收在亞洲海洋史的專書裡，例如曾參與羽田正編著的《海から見た歴史》（二〇一三）。岡美穗子則是京都大學人間環境研究科訓練出來的研究者，目前為東京大學史料編纂所準教授，已經在東京大學出版過重要著作《商人と宣教師 南蛮貿易の世界》（二〇一〇），相當有潛力。

這裡頭除了中島樂章之外，另外有位中國史研究者值得注意的是杉山清彥，研究大清帝國史，東京大學總合文化研究科教授，出版過《大清帝国の形成と八旗制》（二〇一五），他從新世界史的角度探討清帝國的形成，特別將焦點放在中歐亞與近世世界的交匯處，相當受到矚目。

此外有位研究東南亞史的太田淳，廣島大學文學研究科教授，專門研究東南亞的移民與貿易。他在二〇一四年出版的《近世東南亞世界的轉化：全球經濟與爪哇島地域社

會》（《近世東南アジア世界の変容——グローバル経済とジャワ島地域社会》）的書腰標榜「新全體史」，其實就是全球史的視角。

這些不同課題與研究取向的學者之所以能夠聚集在一起合寫一本研究入門，則與二〇〇三年在那霸所召開的「海域アジア史研究會十週年紀念會」有關。此外加上二〇〇二至二〇〇六年間，秋田茂曾領軍全球史的研究，以及新潟大學超域研究機構佐藤貴保教授所帶領的中央歐亞史團隊，以及大阪大學的二十一世紀COE計畫中的人文學項目，才開啟編撰這本東亞與東南亞海洋史的研究入門的計畫。最後在桃木至朗教授召集下，由大阪大學山內晉次、立命館亞洲太平洋大學藤田加代子、大阪大學蓮田隆志三位教授的協助編輯下，才得以完成。

日本這種透過像「海域アジア史研究會」或大型研究計畫所編撰的書相當多，日後我們還會介紹類似的著作。這本二〇〇八年編的亞洲海洋史研究入門的書雖然距今已經有一段時間，但已經可以讓對此感興趣的讀者有個基礎入門的管道，若要再進一步找尋更新的相關著作，村井章介主編的《日明關係史研究入門》（《日明関係史研究入門——アジアのなかの遣明船》，勉誠出版，二〇一五）或許是不錯的選擇。

《亞洲海洋史研究入門》是我們這趟十六至十九世紀的亞洲海洋史閱讀之旅的入口，透過相關著作的引介，你將發現日本歷史學界如何將東洋史與日本史予以新的連結，就算書名沒打出全球史的招牌，但漸漸已有那樣的意味。相較於近日台灣書市動不動就推出歐美全球史的大部頭巨著，而與我們的歷史文化與地理較為接近的日本這方著作，卻甚少有人關注，實在相當可惜。希望這書的中譯本能有機會早日問世，讓更多對海洋史感興趣的朋友能夠有本研究指南得以參考。

# 18 新文化史研究脈絡中的圖像與歷史

英國著名史家彼得．柏克的作品，台灣學界應該不陌生，從麥田歷史與文化叢書一九九七年的《法國史學革命：年鑑學派，一九二九－八九》、《製作路易十四》到二〇〇二年《歷史學與社會理論》及二〇〇三年《知識社會史：從古騰堡到狄德羅》的出版，台灣對新文化史感興趣的讀者從中學習到相當多的研究方法與實作範例。但這之後，台灣就不見再有這位新文化史大師的作品引進。相隔二十年，馬可孛羅將第二版的《歷史的目擊者》翻譯出版，的確有其特別意義。這書原作最早是二〇〇一年出版，二〇〇八年有了簡體版譯本《圖像證史》（北京大學出版社），翻譯者為楊豫，是位相當知名的新文化史研究者。本次新譯本用的是柏克二〇一九年的第二版，換了家出版社，有個新版序言。

出版社找我寫這書的推薦序，我並非圖像史專家，僅能從新文化史的視角談談這位作者的文化史研究特色。彼得・柏克是位產量極大的新文化史家，我們的翻譯速度趕不上他的新書出版。在他的上一本作品翻譯為中文之後，這之間已經有好幾本新作問世。馬可孛羅會選擇《歷史的目擊者》出版，我有點意外。若讓我選擇，同樣是介紹研究方法與趨勢的書，我可能會挑柏克另外一本影響力更大的經典《什麼是文化史》（北京大學出版社，二〇二〇）。

他的著作一直是我們觀察西方新文化史發展趨勢的一個重要指標。在過去二、三十年來，他有如新文化史的趨勢大師，透過著書及演講，提供歷史社群最新的文化史研究概況。像是《什麼是文化史》就是其中最好的一本研究指南。柏克這位兼顧史學理論與實踐的文化史家在二〇〇四年寫了一本淺顯易懂的新文化史著作，清楚地將新文化史的發展做了簡明扼要的描述。此書出版後，二〇〇八年有第二版，又於二〇一九年出第三版，備受學界好評。新舊版本的最主要差別在於第三版的書末多了一篇後記〈二十一世紀的文化史〉以及二〇〇三年之後的新文化史著作參考書目，這兩部分補充說明了二十一世紀新文化史的最新進展。

或許柏克被視為是新文化史研究代言人的緣故，樹大招風，常成為一些社會史研究者批評揶揄的對象。例如英國劍橋大學現代史教授理察・埃文斯（Richard J. Evans）就曾在《為史學辯護》（*In Defense of History*）公開批評柏克的《法國史學革命：年鑑學派，一九二九－八九》「是一部令人失望的粗淺而專事敘述的作品，它幾乎全然無視於其書所論列的那一段時間內法國廣泛的思想史之發展」，用語相當不客氣。對於柏克編的另一本書《歷史寫作新方向》（*New Perspectives on Historical Writing*, 1991），埃文斯也評說：「也是一本令人失望的書，隨意湊合各種品質雜駁的文章，有些還極端地令人不知所云。」對於喬伊絲・艾坡比（Joyce Appleby）等學者合著的《歷史的真相》（*Telling the Truth about History*），埃文斯更評論說：「就令人滿失望的。這本書主要專注於科學史專門領域，它無法提出一足以令人信服，足以駁倒文化相對主義的說法。」

埃文斯《為史學辯護》這本書的立場相當明確，基本上就是一本反後現代史學的書，然而，新文化史的某些觀點也成為他們批判的箭靶。已有修正主義傾向的文化史家帕特里克・喬伊斯對《為史學辯護》的評論頗中肯且一針見血，他說：「這種對後現代主義的很多抵制，在九〇年代以《為史學辯護》的旗幟所出版和發表的一些論著中得到了表達，客觀性的觀點依然在這些舊式的學術語言下獲得捍衛。事實上，後現代主義並未對歷史構成多大的威脅，僅僅是把重新思考什麼是客觀性置於首要地位而提供材料。理察・埃文斯的《為史學辯護》就是一個沒有利用這一機會，依然守舊的絕好例子。」

除了上述的攻擊外，新文化史在二〇〇〇年前後所受到的反彈是「社會史的反撲」。這是柏克於二〇〇四年觀察到的三個新文化史未來走向的其中一個。這樣的觀點不僅代表了文化史內部社群的重量級學者的意見，也點出了新文化史受到社會史挑戰的情勢愈演愈烈。自新文化史在史學界成為寵兒以來，這個王國就不斷地開疆闢土，許多以往政治史及社會史的信徒都臣服其下。然而，這樣的場景並非一成不變，以往「『文化的社會史』到『社會的文化史』」轉向的概念並未能完全說服每個人。依柏克的觀察，新文化史招致的批評中較嚴重的不外乎是：文化的定義、文本的解讀方法、斷裂的危險，以及社會建構論問題。

文化的定義目前似乎變得無所不包。文化與社會之間的關係是當前較為嚴重的問題。在英國，「社會文化史」（socio-cultural history）這個名稱已經更為普遍。「社會」這個字眼已經重新予以定義，其含義也包含了對文化的興趣。不管我們把這種現象視為是社會史併吞的文化史或者相反，我們已經可以見到一種既強調文化也重視社會的混種類型的史學實踐。

由於《歷史的目擊者》出現於二〇〇一年，我們必須對當時前後史學界正在掀起的討論有基本認識，在閱讀這本書的重點時才較能進入「像史家一樣閱讀」的情境。簡單來說，柏克在寫這書時，正是歐美學界「新文化史」當道的時代。事隔二十年，史學界已經不再標舉這個大旗，反而紛紛搬出「全球史」的招牌。這既有時代的背景，也有史學的「內在理路」，有點像是余英時所說的思想的內在理路發展。就如同思想史學者艾爾曼所說的，史家有時在某個空間待久了，就會搬到另外一個房子去，全球史就是目前的新居。

簡單來說，柏克寫作這本《歷史的目擊者》的主旨在鼓勵歷史研究者多利用圖像資料當作歷史證據。在以往，除了藝術史學者外，較少人使用圖像當作歷史資料。一般史家還是倚靠文獻及口述資料為主。本書不僅提醒研究者圖像使用的重要性，更透過不同主題，舉例點出圖像使用可能會犯下的錯誤。就柏克而言，他的上一個世代在研究歷史課題時，對圖像的使用已經逐漸擴大，例如政治事件、經濟潮流及社會結構。在這個階段，儘管已有學者使用，但還是當作單純的插圖處理。到了二〇〇〇年左右，受新文化史影響，許多新的課題，如心態史、日常生活史、物質文化史、身體史，才大量開始使用圖像當作研究對象及歷史證據。

除了嚴格定義所謂的「證據」之外，柏克也提醒我們，圖像對歷史想像也極有幫助。圖像是繪畫、版畫、雕塑等素材都能夠使我們認識到過往文化中的非語言經驗與知識。相較於文字的重要性，對於過往宗教與政治生活的視覺再現，圖像提供了更好的指引。換句話說，這些圖像讓我們成為歷史的「見證者」，或是本書標題所說的「目擊者」。

從第一版到第二版內容基本上沒有差異，但以柏克出書的習慣，還是會加入一些新的訊息，畢竟從二〇〇一到二〇一九也經過近二十年，史學界肯定有很大的轉變。透過第二版的新序言，作者就將最新的訊息一一傳達給我們。但相較於《什麼是文化史》第二版所做的增修，《歷史的目擊者》比較像是更明確地指出這方面的學術研究暴增，感興趣的人口大增，已經擴展到攝影及電影方面，甚至已作為政治與法庭上的證據。

全書十一章的主題，涵蓋了：「照片與肖像」、「圖像誌與圖像學」、「神聖與超自然」（宗教）、「力量與抗議」（思想）、「物質文化」、「社會景象」（社會史）、「他者」、「視覺敘述」（政治、戰爭）、「見證者到歷史學者」、「超越圖像學」（精神分析、符號學）、「圖像文化史」（藝術社會史）。我自己最喜歡的還是屬於第五章物質文化之後的部分，比較偏向我熟悉的新文化史研究範疇。

透過這十一章內容，柏克不希望讀者單純把這本書當作是圖像研究的操作手冊。相反地，他認為圖像運用在歷史研究上的方法應該是多樣性的，有時明確，有時模糊多義，並沒有單一的解答。

如果讀者想要在這多樣性的研究方法中找到捷徑，也不是沒有辦法。或許是因為這二十年的研究成果較為豐富的關係，在第二版的新序言，柏克就展示了比較肯定的十種準則，他稱之為十誡。有了這些指引，台灣讀者應該可以更清楚怎麼把圖像當作歷史研究的證據。

# 19 空間轉向與文化相遇
## ——全球視野下的醫療史研究

### 全球轉向

全球史的出版在這十年間有逐漸增多的趨勢，相關的研究討論與論文也正不斷地關注這段時間的史學變化。近來，《全球史學史》就已揭露了「全球化史學」的到來。該著作認為冷戰結束後，史學界出現了一個顯著的變化，那就是對世界史與全球史的關注的不斷加強。直到一九九〇年代以後，「全球史」這個詞彙才變得較為流行。[1]

這十年來，歐美史學界有關全球史的理論、方法與實踐的研究有增多的趨勢。這些書籍的出版或許正可以反映當前西方史學的「全球轉向」，而這種「全球轉向」的特色之一，即在於史學作品的「空間轉向」——或者說是史學跨越民族國家的領土疆界，朝著區域、大陸及半球等空間發展。[2]目前歷史學下面的幾個次學科如環境史、社會史、性別史、經濟史、醫療與科技史、物質文化史、外交史及歷史教學都多少受到這波「全球轉向」風潮的影響。[3]其中，醫療史如何放在全球史的脈絡下來思考，值得我們進一步的探詢。有關這方面的探討，西方醫療史已經有相當的成果，像是莎拉・霍奇斯（Sarah Hodges）的研究。[4]反觀中國醫療史，似乎沒有較為詳細的綜述類文章，目前僅見羅維前（Vivienne Lo）曾提出以全球視野來寫作中國醫療史的訴求，她強調跨越社會、文化、地理邊界及時間的知識與實踐的傳播的重要性。[5]以下即在這個脈絡下，透過西方的全球醫療史研究的概況，來思考現有的中國醫療史研究成果及未來可能的發展。

## 全球視野下的醫療史

近來全球醫療史的研究與新文化史研究中的「文化相遇」概念息息相關。有關這個課題，陳慧宏在〈「文化相遇的方法論」：評析中歐文化交流研究的新視野〉一文中，[6]提出兩個分析方向，一是「他者」的問題。她認為：「強調歐洲對他者的建構，也有可能受到他者以及他者針對歐洲人的自我建構所形塑。因此，我們會發現，中歐文化接觸的研究中，並非單純地由歐洲中心轉向地區文化而已。需要思考的是，在獲致平衡觀點的結果，強勢的地區文化該如何處理？」

第二是文化史研究的理論。陳慧宏提出了近年來蓬勃發展的中歐文化相遇的研究，在過去與未來如何讓跨文化的研究豐富歷史學的方法論，不可避免地要從西方歷史學方法論的轉向文化史之取徑來作理解。此外，陳慧宏所說的「世界史概念中的文化接觸」對我亦有很大的啟發。她認為：「『相遇』（encounter）一詞的深遠含意，應該是指向一種世界史概念的文化之間的接觸，以及意識性與隨機性的跨文化互動，而這也應是我們對整體跨文化交流歷史研究開發的期許。」

上述觀點可以用來討論近代以來中醫碰到西醫的課題。全球史的概念如何對醫療史的寫作產生影響，柯浩德（Harold Cook）在〈全球醫學史會是什麼樣子？〉一文中提出了他的看法。柯浩德認為如果我們借鑑全球史研究的一些方法，或許我們會開始思考應該從不同的角度來看醫學史這個課題。他認為關於植物學和醫學的資料，以及針灸醫術，都像商品一樣，也會沿著貿易路線從亞洲傳入歐洲。透過貿易公司和傳教機構促使人員、技術、訊息、商品甚至疾病的相互流通，這充分說明了史學全球觀的重要性，對他來說，國家與「文明」並非主角。[7]全球史或者說是新全球史的挑戰不僅讓我們開始留心那些距離遙遠的人們是如何相互聯繫的，它也要求我們注意到小區域的人們在不同文化與語言的條件下是如何相互影響的。最後，柯浩德提到：「如果我們要嘗試在醫療史研究中應用這樣的方法該怎麼辨呢？」這或許會使我們看到一個比我們想像中統一的醫學文化觀更複雜的健康和疾病相互作用的模式。柯浩德進而認為，醫學上的哪些元素是具有傳播性的？哪些沒有傳播性呢？這才是我們研究的進程。柯浩德的新全球史與醫療史的觀點不僅影響了中國醫療史的研究轉向，也對亞洲醫療史有全新的啟發。

柯浩德在另一篇文章提到，近來已經有愈來愈多英文的著作將焦點集中在醫學知識的流通上。[8]有些人處理當代南亞的問題。例如莫奈（Laurence Monnais）和柯浩德合編的《全球運動，在地問題》。[9]有些人則關注近代早期的大西洋，像是葡萄牙殖民的區域。例如二〇〇八年，詹姆士・德爾柏戈（James Delbourgo）編了《大西洋世界的科學與帝國》，裡頭許多文章在處理跨殖民中心與南美的醫學實驗與植物探查。[10]隔年，布萊希瑪爾（Daniela Bleichmar）等人合編了《西班牙與葡萄牙帝國的科學、權力與自然秩序》，首次將重心放在殖民地的自然資源上。[11]威佛（Karol K. Weaver）指出了非洲對大西洋世界的醫學知識的混合所產生的貢獻逐漸受到認可。[12]

近來，這方面的研究已經稍有成果，以下則就藥物流通與疾病的全球史兩方面進行討論。

## 藥物流通的全球史

藥物的全球流通史近來成為醫療史研究的顯學。這方面不得不提及著名性別史研究者朗達・施賓格（Londa Schiebinger）與柯浩德的貢獻。例如朗達・施賓格編的《殖民植物學》（*Colonial Botany: Science, Commerce, and Politics in the Early Modern World*），以及英國醫學史家柯浩德的《交換之物：大航海時代的商業與科學革命》（*Matters of Exchange: Commerce, Medicine, and Science in the Dutch Golden Age*），二者都不約而同地關注到物的流通與商業及醫學知識間的相互影響。

這兩本書對日後的醫藥的全球史研究有一定的影響，許多文章延續著書中的概念。

《醫學社會史》（*Social History of Medicine*）在二〇一三年的八月號，柯浩德與提摩西・沃克（Timothy D. Walker）就策劃了一個「動員醫學：近世大西洋世界的貿易與治療」（Mobilising Medicine: Trade & Healing in the Early Modern Atlantic World）專號，裡頭共收錄五篇文章。[13]這個專號的作者都是對歐洲與大西洋世界的各區域學有專精的學者，但這回他們所關注的焦點在於大西洋世界的醫學的相互聯繫，而不是畫出明顯的邊界。他們認為醫學不僅只是概念和實踐，還是那時商業與殖民事業構造的一部分。就柯浩德而言，近世以來，西方人尋找有用的藥物驅使著無數的人與物在全球移動，此現象延續了數世紀。這種尋找有用物資在新的全球商業中占有重要地位。在探尋香料與醫藥的過程中，促使歐洲人與大西洋邊緣的人們有了進一步的接觸。當他們在進行醫藥交換時，一些像是新世界的外科與新奇資訊的革新，也同時出現。這種交換線路的連結造就了大西洋商業，使得歐洲的船隻不僅載送著人與貨物，還運送著知識到各處。[14]

類似這樣的研究，還有以下這些文章。近代時期長距離貿易的戲劇性擴張對英國的健康照顧有怎麼樣的影響。瓦利斯（Patrick Wallis）這篇文章提出新的證據，他考察了一五六七至一七七四年間輸入英國的醫藥的起源、內容及規模。這些進口的藥物變化得非常緩慢。在十八世紀，有些共通的藥如番瀉葉（Senna）及金雞納樹皮（Jesuit's bark）是為大多數人所使用。英國對於外來藥的需求提供了更多證據顯示十七世紀的醫藥消費的激烈擴展。[15]此外，還有學者開始更注意殖民大西洋地區的醫學貿易。普拉提克・查克拉巴提（Pratik Chakrabarti）編的《物質文化與醫學》（*Materials and Medicine*）對於探索西印度與東印度之間的內部關聯，開啟了新的路徑。醫學在十八世紀有個明顯的翻轉。隨著知識與物質財富的軌跡，這本書揭露了醫學如何在全球商業與戰事的脈絡下，獲取新的物質主義與物質。並認為歐洲醫學的知識發展與征服、殖民與殖民機構的設立歷史有密切關聯。這些作者們檢視了文本、植物、礦物、殖民醫院、藥品說明、外科著作、傳教士與旅行者，展示了這些都受到十八世紀歐洲殖民主義的物質構成的形塑。[16]

隨著帝國在非洲擴張戰爭的結束，歐洲的藥用化學興起於十九世紀末葉。奧斯西奧－阿薩雷（Abena Dove Osseo-Asare）這篇文章透過殖民西非的毒毛旋花素（strophanthin）個案論述藥物發現的全球史。[17]毒毛旋花素在一八九八年正式列入英國藥典的名單中，與此同時，英國軍隊在黃金海岸正成為毒箭的攻擊對象。作者引領我們閱讀著歐洲在西非的殖民地政治過程中的藥物發現的敘事，透露出藥物發展與世界史的進展息息相關。

湯瑪斯・道曼帝（Thomas Dormandy）則探索了罌粟鴉片的醫學與非醫學使用的全球史。他首先提到四世紀前的埃及和其他古文明使用鴉片的考古學證據，然後一直談到二十世紀，在國際聯盟（the League of Nations）的努力下，隨著「一九六一年的麻醉品單一公約（Single Convention on Narcotics）」的簽訂，達成全球禁用非醫療鴉片的協議。[18]道曼帝成功地描繪了鴉片類藥物全球使用的全景。近來澳洲的科學史家波爾斯（Hans Pols）撰文討論十九世紀及二十世紀初期在荷屬東印度公司工作的歐洲醫生及植物學家展現了對印尼原住民的草藥醫學或 Jamu 的高度興趣。在這兩者之間，具有印歐血統的婦女扮演了調解者及引介者的角色，他們使得原住民醫學對研究者而言變得更容易理解。[19]這種研究取向或許是日後中國醫療史研究者或者東亞醫療史研究者可以參考的地方。

我近來的「南京蟲」的研究，也是放在一個全球史的視野來看醫療史的問題。我關注的問題即是在戰爭體制下，日本作為一個殖民母國，如何透過在殖民地所遇到的在地疾病問題，研發出新式藥物。這些化學新藥不僅幫助了殖民地的醫療衛生改善，也影響了日本對中國戰爭時士兵的環境適應問題。此外，這些藥物也對日本本身的化學製藥企業有了不同層面的影響。[20]

「南京蟲」這個詞怎麼來的，現今已不可考。據說是十九世紀末明治維新以來，在日本與中國經由神戶港密切的貿易往來下，由商船從中國將這種害蟲帶入日本。這是日本單方面的解釋，也是他們對這種小蟲的刻板印象，就如同「南京豆」、「南京雞」一樣，日本社會對於許多來自傳統中國的物品都會冠上「南京」二字，因而有了「南京蟲」這玩意。在《日本語動物名辭典》中，「南京蟲」なんきんむし（nankinmushi bedbug）又名臭蟲。

這種小蟲所造成的日治台灣人的生活困擾，讓人想到芥川龍之介的《江南游記》。一九二一年，著名日本作家芥川龍之介以記者身分在中國採訪新聞兼遊歷，途經蘇州時，某日夜宿一間客棧，就描述到這房間比想像的乾淨許多，可能是因為撒了很多消滅跳蚤的藥粉，因而很慶幸自己沒有被南京蟲所咬。可見，對日本人而言，不管在日本、台灣或中國，這種在房間內會咬人的小蟲子就叫「南京蟲」。

南京蟲帶來的困擾也曾引起鐵道部進而改善火車車廂的座椅設備。由於日治台灣的火車車廂分為三級，三等車廂坐的多為台人，有鑑於台人旅客大多有赤腳的習慣，不大注意整潔，並常攜帶折疊及藤製的物品，很容易成為南京蟲傳染的溫床。鐵道部遂將布的座椅改換成模造皮包覆的座椅，如此不僅方便用消毒水清潔，也易於打掃，較能降低南京蟲的繁殖及咬傷。

一直要到一九三〇年代，台灣社會才有了比較有效的防治方式。除了改善環境衛生之外，面對南京蟲的威脅，最有效的則是除蟲化學藥品的發明。當時最著名的是今津化學研究所開發出來的イマヅ蠅取粉及イマヅ芳香油。今津化學研究所的負責人是今津佛國博士，他所開設的這間研究所專門研發對付害蟲的藥物，像是蒼蠅、蚊子、跳蚤、蟑螂，其中又特別強調對南京蟲的效力。這些除蟲藥劑的發明大大改善當時台灣社會的生活環境。

今津佛國曾把蒼蠅形容成「大可畏之殺人魔王」。在一九三〇年七月的《臺灣日日新報》，他教導民眾認識蒼蠅會傳染各種可怕的疾病。無論日本或台灣，我們很容易在一九三〇年代的報紙見到這位博士的衛生學說，他所談論的重點多是在呼籲民眾要注意該如何殲滅這些害蟲、該如何做好家庭衛生，及該如何有效使用今津蠅取粉。

今津佛國是位商社主管、發明者、衛教者，更是一位商人。他常在各級學校宣導蒼蠅與環境衛生的關係，打著就是販賣他們自家商品的主意，イマヅ蠅取粉及イマヅ芳香油就是當時最為普遍的消除害蟲的主要利器。

イマヅ蠅取粉及イマヅ芳香油要如何使用，一九三〇年代的報紙到處可見既是衛生宣導又像是商品廣告的文宣。譬如報紙會有標題寫道：「全市一齊（自三日至十日止）南京蟲退治日」。內容強調要消滅南京蟲，就得全市一起全面舉行，一次是七天，如此才能有所成效。若僅是少數家庭實行，則難免會造成南京蟲移往他處繼續繁殖的後遺症。他們還會搬出官方的調查報告，像是根據衛生實驗所的實驗結果，來說服民眾對付南京蟲的最有效方式就是使用イマヅ芳香油。

隨著イマヅ蠅取粉及イマヅ芳香油在居家及公共場所防蟲的普及使用，其影響力更擴及到戰場上。在一九三七年中日戰爭開打後，日本部隊會發給士兵一些「慰勞袋」。當時的一些海報上，還會特別強調，除了生活必需品之外，最不可或缺的就是這個攜帶方便的綠色小圓盒イマヅ蠅取粉。這是提供給日軍士兵，在中國江南一帶夜宿時，得以對付南京蟲的良方。

有關藥物的流通，雖有上述豐碩的成果，但學者較少從出版文化的角度來探討。這方面我們可以舉《質問本草》的例子來說明。第一、本書可以再現當時十八至十九世紀東亞的中日之間博物學知識交流的面貌。其次，本書中豐富的圖像資料，可提供我們對於當時本草學知識如何建構有進一步的認識。亦即一本本草書籍如何製作，從調查、採集、寫真、觀看、鑑定、對話進而質疑，然後編輯出版，本書都是一個很好的微觀對象。[21]

除了上述的研究視野，如何從物質文化的角度切入，亦即探討醫學知識、商業文化與藥物之間的關聯性。《質問本草》或許可以放在藥物知識與消費文化的脈絡下來看。例如十八世紀中葉以來的東亞，出版了許多人參專書，當時的朝鮮、日本及中國約有四十幾部這方面的書籍，可見這些東亞國家的醫藥知識與博物學的交流相當密切。唯有透過這些書籍的出版文化與醫學知識互動的研究，才可以讓我們了解當時東亞間的藥物知識與博物學交流的實際面貌。[22]

## 疾病、環境與醫療的全球史

傳染病與人類的歷史息息相關，彼此有著緊密的互動關係，傳染病可能造成人口的大量死亡、可能扭轉戰爭局勢，或帶來政治、社會的變遷；此外，它亦會影響人類文化活動的傳布。有關這方面的研究，克羅斯比的《哥倫布大交換》及威廉．麥克尼爾的《瘟疫與人》可說是相關著作中的經典。日後西方許多有關傳染病與人類歷史的研究，基本上是循著這兩人的觀點及模式。

早在一九七〇年代，克羅斯比的《哥倫布大交換》一書就已經有全球醫療史的視野。這是一本結合醫療史、生態學與歷史學的著作，論證一四九二年哥倫布「發現」新大陸以來，歐洲人所帶來的動植物及疾病對新大陸的美洲人的影響。之後，他又寫了《生態帝國主義》，更進一步詮釋上述概念並擴展研究範圍，認為歐洲人將「生物旅行箱」攜帶至溫和的新歐洲，在那裡，歐洲人取得了人口的優勢。[23]

在克羅斯比之後，賈德．戴蒙延續這種強調物種的交流對歷史發展的影響的概念，寫了一本《槍炮、病菌與鋼鐵》，此書一出版，立即引起學界的廣泛討論。[24]戴蒙更強調地理上的東西軸向的差異影響了動植物是否馴化的問題，這種地理和生物的因素對人類文明發展的影響。

學界對此書已經有許多精闢的論證，關於這點，柯嬌燕在《什麼是全球史》一書中的〈傳染〉那章中，對戴蒙的書有更為詳盡的討論，他說：「此外，戴蒙還增加了一個地理學的難度，以此來解釋非洲和美洲比起歐亞大陸相對孤立的狀態，如何導致了人口稀少和其免疫力面臨的挑戰，這使他們在早期現代和現代時期，面對工業化的、具有疾病抵抗力的歐洲人的衝擊，在許多方面都措手不及。戴蒙對歷史大變遷的解釋，與那些已為全球史學生所熟知的觀點之間的主要差異，在於他賦予地理學和環境以決定性的分量，超過諸如文化、貿易甚至技術等其他因素。戴蒙的著作在激發更多公眾對全球史產生興趣方面具有影響。」可見這本書對於全球史的書寫，仍有其正面意義。[25]

近來疾病、環境與歷史的課題分別受到中西方學界的重視，例如由伊懋可（Mark Elvin）、劉翠溶合編的《積漸所至：中國環境史論文集》（*Sediments of Time: Environment and Society in Chinese History*）、[26]賈德・戴蒙的《槍炮、病菌與鋼鐵》，[27]以及美國環境史家小麥克尼爾的著作《蚊子帝國》。[28]在眾多傳染疾病中，鼠疫是較受學者關注的研究對象，這方面的學者有班奈迪克（Carol Benedict）、曹樹基、李玉尚、飯島涉。其中，班奈迪克一九九六年的鼠疫研究《十九世紀中國的鼠疫》（*Bubonic Plague in 19th-Century China*）是討論十九世紀末中國鼠疫的疾病史的專著。最新的研究則有曹樹基與李玉尚的《鼠疫：戰爭與和平》，分別從鼠疫史的方法論、鼠疫流行模式、環境變遷與國家醫學等角度，深入探討中國的鼠疫流行歷史。

近代亞洲的鼠疫問題與「國家醫學」（state medicine）及「殖民醫療」（colonial medicine）息息相關。有學者認為，「國家醫學」是十九世紀才在歐洲及北美逐漸發展的觀念，它的中心思想是國家有主要責任去保障公眾的健康，因此為了全民利益，國家有權力亦有義務去將衛生學的觀念及公共衛生措施加於私人身上。要了解近代中國「國家醫學」的發展，當時一些在中國有租界地的國家如英、美、德、日的殖民地醫學發展就不得不談，而這些殖民地醫學又與他們本國的國家醫學發展息息相關，因此三者關係呈現一幅錯綜複雜的局面。例如，香港的鼠疫防治受了英國的影響，袁世凱的北洋公共衛生部門是德、日模式，伍連德於一九一二年成立的「北滿洲鼠疫防疫署」則深受德國影響。

除了鼠疫之外，另外一個受到重視的疾病是痲瘋病。有關近代亞洲的痲瘋病研究，目前已有不少研究成果。[29]其中比較有全球視野的是梁其姿的《痲瘋：一種疾病的醫療社會史》（*Leprosy in China: A History*），本書的重點有三：一是提供了中國史中數個世紀以來的痲瘋病的歷史圖像；其二是將中國的痲瘋病史放在十九世紀的殖民主義、種族政治及帝國險境的全球化脈絡下；最後，透過近代與現代、地方與全球的聯繫，這本書顯現了中國對於疾病史、公共衛生及全世界的生物學的權力政體的傳播經驗的中心地位。[30]

痲瘋病在十九世紀後期至二十世紀前半葉是全球矚目的疾病。十九世紀後期開始，殖民主義賦予痲瘋病兩種新的意義：作為種族優劣的評定標準與威脅全球的流行病。十九世紀痲瘋病相關論述的主導者是西方基督教強國。而中國在此論述中成為典型的落後有色種族，需要西方科學、精神及宗教救贖。與此同時，中國同樣被認定為危及全世界的痲瘋輸出國，中國的勞工移民也成為各國加強防範的傳染病源。清末社會菁英對痲瘋病的言論，部分受到白種殖民者的偏見的啟發。由於中國往外移民的較他國為多，更被指責為痲瘋流行全球的罪魁禍首。

事實上，十九世紀末的華人移民在時間上較晚，比較不可能是此疾病傳至各地的元凶。但是在當時殖民主義的高峰期，華人移民被誤認成為一種普遍的觀點。由於痲瘋病的病徵明顯且醜陋，強烈象徵著中國近代病重的政治身體，並證明中國人為劣質的民族。此外，它還被認為是可傳染的，會危及全球的健康。這些負面形象使得主政者認為唯有去除傳染病的威脅，才能證明中國已進入文明之途及現代化的發展。

梁其姿還提醒讀者，這種民族被汙名化所帶來的羞恥感，不僅影響中國，也促使日本成為亞洲諸國中現代化最成功的國家。一九一五年日本發起鼓勵病患絕育、強迫墮胎運動。到了一九三一年，更通過病患終身隔離法令。一九四一年時，日本被隔離的病患已達七八％，之後更高達九成。與當時日本一樣，民國時期救濟痲瘋運動基本上是從民族主義激發出來的社會運動。強化種族、國家是此運動的最終目標。這無疑是當時西方「殖民主義」或「種族主義」的意識形態所激發出來的。

類似的情況，我們在羅家成（Loh Kah Seng）的新加坡與馬來西亞的痲瘋病個案研究中可以見到，這書受到「國際痲瘋病組織」所提供全球醫療史計畫的贊助。他清楚揭露在殖民與後殖民時期對痲瘋病患者的強迫隔離的長期政策的陰暗面。[31]

天花也是很受關注的全球疾病之一。詹妮塔（Ann Jannetta）的《種痘師》（*The Vaccinators*）一書關注日本自一八五〇年代以來，為了要防治天花，其醫學如何從蘭醫、漢醫轉變至西方醫學。作者採取全球史的視野，探討詹納的種牛痘技術如何在半世紀後，飄洋過海地從鄉村英國，「全球流傳」（global transmission）到日本。其中有一章探索十八世紀時，天花病毒如何造成全球性的威脅，以及如何認同主要的預防策略。[32]

有的疾病史書寫就直接標榜全球史，例如韋伯（James Webb）的瘧疾研究。這本書透過構築來自於無數的知識領域、醫療史、寄生物學、昆蟲學或是人口遺傳的訊息，來描繪瘧疾的全球史，換言之，全書建構了一個大的疾病敘事與地理圖像。他透露了怎樣的歷史發展歷程加速了瘧疾傳播到新的區域？如何適應像Duffy effect及鐮狀細胞（sickle cell）的疾病？與疾病有關的激進論述是如何產生的？在特別的歷史時代，這些如何強化政治體系？綜觀整本書，瘧疾在形塑人類活動中，隱然成為一個關鍵的因素。[33]

有的則將疾病當作傳記來書寫，馬克・傑克森（Mark Jackson）的氣喘（Asthma）的歷史就是其中的例子。他追溯從古代至現代的氣喘的歷史，運用了從普魯斯特的傳記與文學評論到氣喘病人的親身經歷。其中有兩章以英國史為例，處理過敏、腎上腺素醫學及現代流行病學。並擴展到歐洲其他地方、美國、澳洲，特別是紐西蘭。書中也處理了像腎上腺素（epinephrine）、可的松（cortisone）以及所熟知的$\beta$腎上腺素吸入器，究竟是如何地取代地方性的救治與像「半邊蓮」（lobelia）那樣的植物性醫藥的全球貿易。[34]

殖民醫療也是全球疾病史的重要課題之一。以往近代亞洲的疾病研究課題大多是從社會史的角度來探討，近來則改從殖民醫學的角度重新觀察帝國主義醫療。自一九七〇年代以來，史家已經開始探查所謂的西方醫學、殖民統治與在地治療間的彼此關係，一般的關注焦點在於歐洲的統治範圍：印度與大英帝國是最好的範例。近來，這樣的研究取向有些改觀。迪格比（Anne Digby）等學者編的《穿越殖民史》可作為代表。他們強調要將殖民（colonial）與在地的（indigenous）醫學歷史，放在一個跨國的（transnational）脈絡下檢視。這本論文集的作者正推廣「複數醫學」（plural medicine）以及將關鍵歷史放在印度及南非的脈絡下探討。[35]

東亞部分可以日本學者飯島涉的研究為代表。他在〈作為歷史指標的傳染病〉一文中提到：「醫療以及衛生事業是推行殖民主義最重要的工具。在世界各地的殖民地，許多醫學家以及動物學家推動了傳染病以及熱帶醫學的發展（殖民醫學），以此為基礎，在建立醫療、衛生行政的幌子下，殖民統治得以強化（帝國主義醫療，imperial medicine）。包括日本在內的歐美各國均試圖對中國進行侵略，這也是帝國醫療強行進入中國的過程。為對抗帝國醫療，中國開始著手建立衛生事業，中國的衛生事業是在應對鼠疫流行的情況下建立起來的。」[36]

在某種意義上，這些研究方法基本上是採取殖民醫療的角度來探討近代中國或台灣的公共衛生制度的建立經過。他們幾乎有一致的共識，那就是「在某種意義上，所有的現代醫學都在進行一種殖民的過程，他們追求的是對身體的壟斷權力」。這些研究提醒我們，若把「帝國」納入考量，我們就不會陷入以現代醫學為標竿而忽略帝國擴張的歷史脈絡，進而淪入史學界早已避免的進步史觀，而做出褊狹的論證與評斷。[37]

而二十世紀初期作為日本殖民地的台灣的公共衛生發展亦可說是日本母國「新醫學」的移植。究竟這些西方醫學如何影響近代中國公共衛生政策的發展？近來一些殖民主義與醫學的研究成果頗值得我們借鏡，例如美國學者強斯頓（William Johnston）及日本學者福田真人都於一九九五年不約而同出版近代日本結核病史的專著，這兩本著作都有相當大篇幅涉及國家醫學與疾病的課題。近來，康卓（Flurin Condrau）與沃博伊斯（Michael Worboys）合編的《過去和現在的結核病》也提出了有關當WHO在一九九三年宣布肺結核成為全球危機後，肺結核史的研究變成醫療史新關注的問題。在書中，他們提出了新的視野，例如強調病人的經驗，公眾與活動者與反肺結核政策的合流特點。[38]

有關疾病、現代性與殖民醫療的課題，梁其姿的〈醫療史與中國「現代性」問題〉一文有進一步的精彩論析。這篇文章就中國醫療史所反映的「現代性」（modernity）問題嘗試提出反省。文中提出三個思考的方向：第一，十九世紀中葉以來，西洋醫藥的引進引起了醫學知識與醫療制度的變革。此時，中國在時序上走進了「近代」。第二，有關「近代」西方醫療史的發展背景。梁其姿認為西方的「近代」醫療制度的複雜歷史因素是獨特的，中國並沒有類似經驗。同時，概略地綜合近來西方學者對「近代性」的批判，並提出一些新的研究取向。第三，我們應更靈活地思考中國「近代性」的問題。即「近代性」並不一定是十九世紀以後中國醫療史的特色。換言之，或許從中國本身的歷史現象來看，這些透露出類似現代社會的醫療理性、創新與策略。[39]

而有關疾病與環境的全球史討論，近代「衛生」的概念也是重要的課題之一。自古以來就有「衛生」此名詞，其詞意上的更新詮釋了有關個人及國體健康觀念「現代化」的特色。近年來學者對近代「衛生」一詞在詞意上、內容上的轉變，已有不少深入的研究，例如劉士永、雷祥麟、余新忠。美國學者羅芙芸（Ruth Rogaski）更以提出hygienic modernity一詞來翻譯含義複雜的近代「衛生」一詞。此詞所隱含的意義不只是狹義的與醫療、人民健康有關的行政制度。在清末民初中國所處的困境中，「衛生」更透露多層意義。它代表了中國政體、社會與個人從落後、「病態」的傳統提升到「健全」的「現代」文明的需要。講求衛生不單是個人身體與精神上的提升，更是民族國家集體的提升，「衛生」一詞意味著「健康」不再單是個人「養生」的問題，而已成為公共領域事務。經過明治時期的日本再傳入中國之後，巧妙地詮釋了一個源自傳統，但企圖突破傳統，以求快速進入更高層次的現代文明的訴求與方法。也因此，建立現代的「公共衛生」也成為此時公認的一項重要的國民任務。[40]全球醫療史除了上述藥物流通、疾病的全球史兩個比較大的課題之外。還有一些課題也有了不錯的成果。例如全球的公共衛生、跨國的醫療組織、石棉職業公害。[41]

此外，有的史家則探查水與健康的問題。佛利（Ronan Foley）的《治癒之水》一書就吸引了醫療史家、文化地理學者及愛爾蘭的個案研究等學者的注意。作者的興趣在人、地方與健康。全書重點在以全球的觀點探討水與健康的關聯。他思考了愛爾蘭的物質與隱喻的治療景觀的構築，建立在水組織、健康與地方之上。[42]

政治對疾病的反應也是學者關注的焦點，例如布里爾（Jennifer Brier）的《感染力的想法》。這本書挑戰了過往許多對ＡＩＤＳ及主導一九八〇至一九九〇年間的美國政治景觀的社會保守主義這兩個面向的傳統觀點。他雜糅了同性戀史、醫療史及性史的角度，來論述有關對ＡＩＤＳ的回應理應在最近的政治史研究中占有一席之地。書中有些部分對ＡＩＤＳ著作的政治角力，在地方、國家及跨國的層面上，進行了分開但又互有關聯的個案研究。因此，本書豐富的資料對於醫療史、全球健康及政治科學，都具有很好的指引。[43]醫學社群移民的問題也漸引起學界重視。例如瓊斯（Greta Jones）的一九五〇年代愛爾蘭醫學移民到美國的研究。二戰後，愛爾蘭原本向英國與大英國協輸出的醫生轉而向北美移民，這尤以一九五〇至一九六〇年代為盛。這些新的醫療人員投入美國醫療體系面臨一些新的問題，例如跨越兩地訓練不同所帶來的資格與價值認定的問題、美國成為全球的醫療霸權、國家政權的介入，以及移民成為改變輸出國家的催化劑。[44]

這波醫療史的全球轉向，的確開展了過往醫療史研究未曾關注的課題。其中，全球視野是這些文章或專書特別強調的研究取向。然而，全球醫療史不必然就否認地方醫療史研究的重要性，這方面，已經有學者進行了思考。米德爾（Matthias Middell）與瑙曼（Katja Naumann）主張：「跨國史（Transnational history）並未否認民族國家的重要。相反地，它強調民族國家有能力去控制及提供跨越邊界的運動的幫忙。在此意義下，透過探索那些跨越邊界滲透至國家結構的行動者、運動及力量，跨國史跨越了國家、次國家（sub-national，地方、區域）及全球。」[45]美國著名法國史學者林．亨特（Lynn Hunt）也認為全球史或全球轉向不應該只是提供給學者們一種更廣及更大的歷史研究視野，還必須提供一種更好的研究視野。[46]馬茲利什也說：「雖然全球史在研究課題上是跨國的，但若認為國家的研究應當忽略那就大錯特錯。國家史值得根據全球化的力量如何影響民族國家進行再探，反之亦然。」[47]

這種概念落實到現實研究中，我們可舉保迪（Laurent Pordié）所編的當代世界中的西藏醫學的研究為例。《當代世界的藏醫》（*Tibetan Medicine in the Contemporary*

*World: Global Politics of Medical Knowledge and Practice*）這本書顯示了全球機制的視野無須犧牲對地方、鄉村實踐者的研究。[48]全書所關懷的是全球的與地方的如何相互地塑造及產出。

當前中國醫療史的研究只有「殖民醫療」的課題比較接近本文所說的全球視野的研究取向，但二者並不能畫上等號，原因在於許多著作尚未以全球史的視角來看問題。儘管有些論著已經相當接近全球史的概念，但並未明白揭示這樣的詞彙，例如《多元鑲嵌與創造轉化：臺灣公共衛生百年史》一書。[49]這樣的問題漸漸已經有了新的討論，莎拉・霍奇斯的文章〈全球威脅〉（The Global Menace）即針對後殖民醫學提出新看法，並反思如何建立一個具有「批判性的全球醫療史」的方向。[50]

總的來看，全球醫療史提供我們在研究中國醫療史時，許多可以參照的研究視野。其一，過往的國家疆界和國族主義的分析範疇與架構，已經無法讓我們有效地理解過去的歷史。全球視野的醫療史則讓我們跳脫了原本的民族國家史觀，改以更宏觀的角度探查跨國與跨文化的醫療問題。其二，打破了中心與邊緣的概念。改從中國的邊陲醫學經驗反省歐洲帝國中心；或以中國生活方式對比歐洲文明病。[51]其三，破除過往史學將西方醫學傳布的過程描繪成現代科學「傳播與吸收」的過程的迷思。全球醫療史所強調的是將「帝國」納入思考，思考帝國殖民擴張的歷史脈絡。其四，唯有了解英美的傳教醫療活動，以及日本在中國引介西方醫學過程中扮演的關鍵角色，才能對中國醫療史有深刻的理解。

兩岸的中國醫療史研究發展至今，近來已漸朝向社會文化史的取向前進，研究的課題包括有：疾病史、醫病關係、醫學社群、醫療與身體、健康與照顧、殖民醫療、宗教與醫療、醫療的物質文化、醫療與視覺、醫療與日常生活。[52]在這些研究中，大多強調新社會史、新文化史及日常生活史取向，卻較少見到上述所說的全球視野。[53]近來，胡成與梁其姿的研究，即開始採取類似路徑，將醫療史放在更大的跨國脈絡下看，分別關注了「全球視野下的南京廢娼」及「中國痲瘋病人與現代世界」。然而，並非所有醫療史的課題都能從全球視野切入，如何能像娜塔莉．澤蒙．戴維斯教授所說的，既要講一個精彩的在地故事，也要能凸顯出其背後的全球意義，我想是未來中國醫療史要努力的方向。[54]

## 注釋

1 George G. Iggers and Q. Edward Wang, *A Global History of Modern Historiography*。中譯本見伊格爾斯、王晴佳，楊豫譯，《全球史學史：從十八世紀至當代》，頁四一〇－四一七。這部分的文章最早出現在王晴佳與伊格爾斯合著的〈歷史與史學的全球化：特徵與挑戰〉，頁一－一一。伊格爾斯和王晴佳在《全球史學史：從十八世紀至當代》一書中提到，冷戰之後的歷史書寫有以下幾點的變化：(1)文化轉向及語言學轉向導致了所謂的「新文化史」的興起；(2)婦女史與性別史的持續擴大；(3)在後現代主義批判的基礎上，歷史研究和社會科學建立起新的聯盟；(4)對國別史研究的挑戰；(5)世界史與全球史的興起。這五個研究方向的轉變，其中，又以新文化史及全球史的影響最為顯著。

2 有關全球史對史學各次學科的影響，參見蔣竹山，《當代史學研究的趨勢、方法與實踐：從新文化史到全球史》。這方面的著作有：索格納（Solvi Sogner）編的《理解全球史》（*Making Sense of Global History*）；霍普金斯（A. G. Hopkins）編的《世界史中的全球化》（*Globalization in World History*）；本德（Thomas Bender）編的《全球時代中的美國史的再思考》（*Rethinking American History in a Global Age*）；曼寧（Patrick Manning）的《航向世界史：史家建立的全球過往》（*Navigating World History: Historians Create a Global Past*）；馬茲利什（Bruce Mazlish）及入江昭（Akira Iriye）合編的《全球史讀本》（*The Global History Reader*），收錄主題涵蓋了恐怖主義、環境、人權、信息革命，及多元國家的合作。除了史家作品外，也納入人類學及發展研究的文章：霍普金斯編的《全球史：世界與地方間的交流》（*Global History: Interactions Between the Universal and the Local*）；吉爾斯（Barry K. Gills）和湯普森（William R. Thompson）合編的《全球化與全球史》（Globalization and Global History）；馬茲利什的《新全球史》（*The New Global History*）；史登斯（Peter N. Stearns）的《世界史中的全球化》（*Globalization in World History, 2010*）；薩克森麥爾（Dominic Sachsenmaier）的《全球視野下的全球史》（*Global Perspectives on Global History: Theories and Approaches in a Connected World*）。

3 J. Donald Hughes, "Global Environment History: The Long View, " *Globalizations*, 2:3(Dec. 2005), pp293-308.

4 西方醫療史的全球轉向，近期的討論可參考 Sarah Hodges, "The Global Menace," *Social History Medicine*, 25:3(Dec. 2011), pp. 719-728。

5 中國醫療史如何從全球史的角度來研究，尚未有中文的研究，西文方面可見 Vivienne Lo, "But is it [History of] Medicine? Twenty Years in the History of the Healing Arts of China," *Social History Medicine*, 22:2(May 2009), pp. 283-303。

6 陳慧宏，〈「文化相遇的方法論」：評析中歐文化交流研究的新視野〉，《臺大歷史學報》四十期（二〇〇七．十二），頁二三九－二七八。

7 王淑民、羅維前編，《形象中醫：中醫歷史圖像研究》（北京：人民衛生出版社，二〇〇七），頁四－五。

8 Harold J. Cook, Timothy D. Walker, "Circulation of Medicine in the Early Modern Atlantic World, " *Social History of Medicine*,26:3(May 2013), pp.337-351.

9 Laurence Monnais and Harold J Cook, eds., *Global Movements, Local Concerns: Medicine and Health in Southeast Asia*, Singapore,: NUS Press, 2012.

10 James Delbourgo and Nicholas Dew, eds., *Science and Empire in the Atlantic World*, New York: Routledge, 2008.

11 Daniela Bleichmar, Paula De Vos, Kristin Huffine and Kevin Sheehan, eds., *Science, Power and the Order of Nature in the Spanish and Portuguese Empires*, Stanford University Press, 2009.

12 Karol Kovalovich Weaver, *Medical Revolutions: The Enslaved Healers of Eighteenth-Century Saint Domingue*, Champaign, University of Illinois Press, 2006.

13 這五篇文章分別是：Harold J. Cook and Timothy D. Walker, "Circulation of Medicine in the Early Modern Atlantic World," Renate Wilson, "Trading in Drugs through Philadelphia in the Eighteenth Century: A Transatlantic Enterprise"; Londa Schiebinger, "Medical Experimentation and Race in the Eighteenth-century Atlantic World"; Pablo Gomez, "The Circulation of Bodily Knowledge in the Seventeenth-century Black Spanish Caribbean"; Timothy D. Walker, "The Medicines Trade in the Portuguese Atlantic World: Acquisition and Dissemination of Healing Knowledge from Brazil (c. 1580–1800)"。

14 Harold J. Cook and Timothy D. Walker, "Circulation of Medicine in the Early Modern Atlantic World," *Social History of Medicine*, 26:3 (August 2013), pp. 337-351.

15 Patrick Wallis, " Exotic Drugs and English Medicine: England's Drug Trade c.1550-c.1800 ," *Social History of Medicine*, 25:1 (2012), 20-46.

16 Pratik Chakrabarti, *Materials and Medicine: Trade, Conquest and Therapeutics in the Eighteenth Century*, Manchester: Manchester University Press, 2010.

17 Abena Dove Osseo-Asare, "Bioprospecting and Resistance: Transforming Poisoned Arrows into Strophantin Pills in Colonial Gold Coast, 1885-1922," *Social History of Medicine*, 21:2, pp. 269-290.

18 Thomas Dormandy, *Opium: Reality's Dark Dream*, New Haven: Yale University Press, 2012.

19 Hans Pols, "European Physicians and Botanists, Indigenous Herbal Medicine in the Dutch East Indies, and Colonial Networks of Mediation", in *East Asia Science, Technology and Society: an International Journal,* 2009.3: 173-208. James H. Mills 的一九〇〇至一九三〇年代的殖民地印度作為藥物的古柯鹼的消費與供應的研究也值得一讀。見 "Drugs, Consumption, and Supply in Asia: The Case of Cocaine in Colonial India", in *The Journal of Asian Studies*, 66:2 (2007), pp. 345-362。

20 類似的研究可見范燕秋編，《多元鑲嵌與創造轉化：臺灣公共衛生百年史》（台北：遠流，二〇一一）。其中有兩篇文章與醫藥有關，分別討論日治台灣的金雞納樹栽培與奎寧製藥、海人草與寄生蟲防治。

21 Londa Schiebinger, Claudia Swan, *Colonial Botany: Science, Commerce, and Politics in the Early Modern World,* University of Pennsylvania Press Philadelphia, 2005; Harold J. Cook, *Matters of Exchange: Commerce, Medicine, and Science in the Dutch Golden Age* ,Yale University Press, 2007.

22 參見拙作，〈「非參不治，服必萬全」——清代江南的人參藥用與補藥文化初探〉，《中國社會歷史評論》第八卷（二〇〇七）；〈藥物、醫學知識與消費文化：清代人參史研究的新取向〉，收入余新忠編，《清以來的疾病、醫療和衛生》（北京：生活・讀書・新知三聯書店，二〇〇九），頁五九－八八。

23 中文方面有關克羅斯比的研究，可見劉文明，〈全球史視野中的傳染病研究——以麥克尼爾和克羅斯比的研究為例〉，《上海師範大學學報（哲學社會科學版）》，四十：一（二〇〇一・一），頁四九－五五。

24 賈德・戴蒙的書的確引起學界相當多的討論，書評及後續研究皆有，見 J.R. McNeill, “The World According to Jared Diamond,” *The History Teacher*, 34: 2 (Feb. 2001), pp. 165-174. Tonio Andrade, “Beyond Guns, Germs, and Steel: European Expansion and Maritime Asia, 1400-1750,” *Journal of Early Modern History* 14 (2010), pp. 165-186。

25 李尚仁，〈歐洲擴張與生態決定論〉，《當代》，一七〇（二〇〇一・十），頁一八－二九。

26 Mark Elvin、Liu Ts’ui-jung, eds., *Sediments of Time: Environment and Society in Chinese History*, Cambridge University Press, 1998，中文本見劉翠溶、伊懋可主編，《積漸所至：中國環境史論文

集》（台北：中央研究院經濟研究所，一九九五）。

27 王道還、廖月娟譯，《槍炮、病菌與鋼鐵：人類社會的命運》（台北：時報文化，二〇一九）。

28 J. R. McNeill, *Mosquito Empires: Ecology and War in the Greater Caribbean, 1620-1914*, Cambridge University, 2010.

29 例如梁其姿、李尚仁、王文基、范燕秋、蔣竹山、鈴木則子、M. Worboys、Jane Buckingham。Jane Buckingham, *Leprosy in Colonial South India: Medicine and Confinement* , New York: Palgrave, 2002。

30 Angela Ki Che Leung, *Leprosy in China: A History*, Columbia University Press, 2009. 中譯本見《痲瘋：一種疾病的醫療社會史》（北京：商務印書館，二〇一三）。

31 Loh Kah Seng, *Making and Unmaking the Asylum: Leprosy and Modernity in Singapore and Malaysia*, Strategic Information and Research Development Centre, 2009.

32 Ann Jannetta, *The Vaccinators: Smallpox, Medical Knowledge, and the 'Opening' of Japan*, Stanford, California: Stanford University Press, 2007.

33 James L. A. Webb Jr, *Humanity's Burden: A Global History of Malaria* , Cambridge: Cambridge University Press, 2008.

34 Mark Jackson, *Asthma: The Biography*. Oxford: Oxford University Preess, 2009.

35 Anne Digby, Waltraud Ernst and Projit B. Mukharji, eds., *Crossing Colonial Historiographies: Histories*

*of Colonial and Indigenous Medicines in Transnational Perspective*, Newcastle: Cambridge Scholars Publishing, 2010.

36 飯島涉，〈作為歷史指標的傳染病〉，收於余新忠編，《清以來的疾病、醫療和衛生》（北京：生活・讀書・新知三聯書店，二〇〇九），頁三七。

37 李尚仁編，《帝國與現代醫學》（新北：聯經，二〇〇八），頁一二。范燕秋，《疾病、醫學與殖民現代性：日治台灣醫學史》（台北：稻鄉出版社，二〇〇五）。

38 Flurin Condrau, Michael Worboys, eds., *Tuberculosis Then and Now: Perspectives on the History of an infectious Disease*, London: McGill-Queen's Health and Society, 2010.

39 梁其姿，〈醫療史與中國「現代性」問題〉，《中國社會歷史評論》（天津：天津古籍，二〇〇七），頁一－一二。

40 梁其姿，〈醫療史與中國「現代性」問題〉，頁一－一二。

41 Jock McCulloch and Geoffrey Tweedale, *Defending the Indefensible: The Global Asbestos Industry and its Fight for Survival*, Oxford: Oxford University Press, 2008.

42 Ronan Foley, *Healing Waters: Therapeutic Landscapes in Historic and Contemporary Ireland*, Farnham: Ashgate, 2010.

43 Jennifer Brier, *Infectious Ideas: U.S. Political Responses to the AIDS Crisis*. Chapel Hill: University of North Carolina Press, 2009.

44 Greta Jones, "'A Mysterious Discrimination': Irish Medical Emigration to the United States in the 1950s," *Social History of Medicine*, 25:1(April 2012), pp. 139-156.

45 Matthias Middell & Katja Naumann, "Global History and the Spatial Turn: from the Impact of Area Studies to the Study of Critical Junctures of Globalization," *Journal of Global History*, p. 160.

46 Lynn Hunt, "The French Revolution in Global Context," in David Armitage & Sanjay Subrahmanyam, *The Age of Revolutions in Global Context, 1760-1840*, p. 34.

47 Bruce Mazlish, "Comparing Global History to World History," p. 393.

48 Laurent Pordié, ed., *Tibetan Medicine in the Contemporary World: Global Politics of Medical Knowledge and Practice*, London and New York: Routledge, 2008.

49 范燕秋編，《多元鑲嵌與創造轉化：臺灣公共衛生百年史》（台北：遠流，二〇一一）。

50 Sarah Hodges, "The Global Menace," *Social History of Medicine*, 25:3(Dec. 2011), pp. 719-728.

51 關於這點，可見李尚仁的文章，〈健康的道德經濟：德貞論中國人的生活習慣和衛生〉，收入李尚仁編，《帝國與現代醫學》（新北：聯經，二〇〇八），頁二二三－二六九。有關中心與邊緣的討論，可見，Natalie Zemon Davis，〈去中心化歷史：全球化時代的地方故事與文化交流〉，《江海學刊》，二〇一三年三月，頁二五－三二。

52 余新忠，〈從社會到生命：中國疾病、醫療史探索的過去、現實與可能〉，收入楊念群、黃興濤、毛丹編，《新史學：多學科對話的圖景》（北京：中國人民大學出版社，二〇〇三）。余新忠，〈回到人間・聚焦健康：新世紀中國醫療史研究雛議〉，《歷史教學》，二〇一二年第十一期下，頁三－一一。

53 余新忠，〈回到人間・聚焦健康：新世紀中國醫療史研究雛議〉，《歷史教學》，二〇一二年第十一期下，頁三－一一；蔣竹山，《當代史學研究的趨勢、方法與實踐：從新文化史到全球史》，第四章〈新文化史視野下的中國醫療史研究〉（台北：五南，二〇一二）。

54 見胡成，《醫療、衛生與世界之中國：跨國和跨文化視野之下的歷史研究》（北京，科學出版社，二〇一三）。梁其姿，《痲瘋：一種疾病的醫療社會史》（北京：商務印書館，二〇一三）。

# 20 近代東亞世界的「摩登新女性」

近來學術界研究近代東亞性別史的學者，紛紛將研究的目光集中在「摩登新女性」身上。這些所謂的東亞的摩登新女性，大多是年輕女子，受西方文化影響，喜歡新奇事物，服裝時尚，展現自我，她們一般會與共同喜好的「摩登男子」結伴，但社會的眼光幾乎集中在這群女性。

一般研究的重點大致有三個面向，一是稱為「摩登新女性」的實際女性主體；二是把一些女性視為性的觀看對象，用好奇及揶揄的眼神觀看，這些大多是男性評論家與畫家透過言論所構築的社會印象；第三是引起男女問題的摩登新女性印象。

在以往，較活躍的研究團體有華盛頓大學的「世界摩登新女性研究會」，這個社群於二〇〇〇年時曾發表過研究成果《世界摩登新女性：消費／近代／全球化》。這書透過各種視覺圖像與物質文化說明摩登新女性在近代是個全球化的現象。透過連結與比較的視角，《世界摩登新女性》探討與新女性有關的日用商品（口紅、齒磨）消費所看出的近代女性的形成，國際企業在各地販賣相關商品時的市場開拓與販賣策略，以及廣告與電影中有關摩登新女性的形象再現等問題。

近來的幾本摩登新女性的研究則延續上述成果的取向，並在幾個方面做進一步的探討。第一，透過語言與表象來探討女性主體性的問題；第二，將焦點集中在東亞；第三，重點放在殖民地時期，探討一九二〇至一九三〇年代東亞世界中的資本、帝國與性別間的相互關係。

這些書的重點有：所描述的女性主體的容貌是近代殖民地的時代表徵；摩登新女性是該時期的商業資本的象徵；近代殖民地不僅是分析的概念也是了解近代的方法。近代性帶來許多能動性，移居勞動者與殖民冒險家在時間與空間上相遇，人群與資本的流動帶來新的近代日常生活，像是工業化的生產所帶來的香水消費與石鹼肥皂的使用，促使日常生活進入競合關係的時尚政治體系。此外的日常生活變化還有：個人寫真照片的拍攝、強調性別差異的圖畫與漫畫製作、廣告印象給予近代商品的使用價值、品味追求，以及自由戀愛等等。

然而，這些研究所關注的新女性圖像不是在論述一個鮮明存在的新女性的實際面貌，而是根據各種資料，探討這些女性如何在近代殖民地的社會關係中，面對複雜的政治事實，並在此種環境中採取什麼樣的策略。因此我們得以看到在帝國主義的戰爭的時代背景下，平民女性、上層婦女如何開發新生活，創造新生活；或者是勞動階級女性如何找出些許生活樂趣。

可惜的是，這些研究都是過於生硬的學術著作，一般讀者難以親近閱讀。讀者若想要進一步理解摩登新女性的實際面貌，建議可以參考鄭麗玲教授的通俗讀物《阮ê青春夢：日治時期的摩登新女性》。在作者上一本書《躍動的青春：日治臺灣的學生生活》的寫作基礎上，這書將焦點集中在日治時期台灣的摩登新女性，透過大量的圖像與深入淺出的文字，描繪出豐富的新女性面容。

作者書寫的課題相當豐富，建議讀者可以不用逐章閱讀，隨翻隨看，篇篇精彩。在裡頭，我們可以看到有別於學術論著的關注重點，像是：纏足與高女、家政女學校、洋服、中等學生學力調查、女學生的閱讀書單、住宿生、女性與勞動、社會運動與女性、婦人家庭雜誌、家計簿、月薪調查、戀愛自由，以及不良少女。透過鄭麗玲的細心考察，這些出自報刊、日記、學校紀念冊、回憶錄、總督府資料的各種史料，都變成一則則有趣的人物故事。

我自己曾經寫過《島嶼浮世繪：日治臺灣的大眾生活》，分別從帝國、地景、空間、飲食、性別與醫藥的角度觀看，性別的部分僅涉及一些，閱讀鄭麗玲的書後，收穫頗多，深受啟發。其中我對新女性的閱讀世界深感興趣，文中提到的《少女之友》，的確是當時的暢銷期刊。

可以做點補充的是，《臺灣日日新報》常會公布新高堂書店的「暢銷雜誌種類」。例如一九一七年的二月份，就刊登了當月的雜誌排行榜，其中銷售數量一百本以上的有：《婦人世界》七百七十冊、《幼年畫報》六百冊、《幼年之友》三百三十冊、《講談雜誌》兩百九十冊、《家庭雜誌》兩百五十冊、《中央公論》兩百四十五冊、《少女之友》兩百四十冊、《日本少年》兩百四十冊、《太陽》兩百三十冊、《幼年世界》兩百二十五冊、《婦人畫報》兩百二十冊、《婦人之友》兩百二十冊、《小兒》一百八十冊、《日本及日本人》一百六十五冊及《文藝俱樂部》一百四十冊。這些雜誌多屬於婦女看的，大都可以在全台不同書店買到，新竹公學校教師黃旺成就曾經在台中的中央書局買到《太陽》雜誌，並在一九二七年的日記寫到閱讀心得：「今天略覺清閒，看了多少的什誌《太陽》以遣興致。」

玉山社所出版的鄭麗玲教授的摩登新女性著作只是開了個頭，類似這樣的日治台灣日常生活史的資料還很多，相當值得年輕學子繼續挖掘新史料進行書寫，唯有將這一塊塊看似破碎課題的拼圖補齊，我們對於所謂的殖民地下的東亞現代性生活，才能有較全面的看法。然而，僅有新史料還不夠，如何將這個東亞的共同現代性生活放在全球視野下觀看，或許是下一階段可以努力的部分。

# 延伸閱讀

卜正民（Timothy Brook）著，方駿、王秀麗、羅天佑譯，《縱樂的困惑：明朝的商業與文化》（新北：聯經，二〇〇四）。

卜正民（Timothy Brook）著，林添貴譯，《通敵：二戰中國的日本特務與地方菁英》（台北：遠流，二〇一五）。

卜正民（Timothy Brook）著，黃中憲譯，《塞爾登先生的中國地圖：香料貿易、佚失的海圖與南中國海》（新北：聯經，二〇一五）。

卜正民（Timothy Brook）著，黃中憲譯，《維梅爾的帽子：揭開十七世紀全球貿易的序幕》（台北：遠流，二〇一七）。

上田信著，葉韋利譯，《海與帝國：明清時代》（新北：臺灣商務，二〇一七）。

于爾根・奧斯特哈默著，陳浩譯，《全球史講稿》（北京：商務印書館，二〇二一）。
小熊英二著，黃耀進譯，《活著回來的男人：一個普通日本兵的二戰及戰後生命史》（新北：聯經，二〇一五）。
王淑民、羅維前編，《形象中醫：中醫歷史圖像研究》（北京：人民衛生出版社，二〇〇七）。
包樂史（Leonard Blussé）著，賴鈺勻、彭昉譯，《看得見的城市：全球史視野下的廣州、長崎與巴達維亞》（台北：蔚藍文化，二〇一五）。
半藤一利著，楊慶慶、王萍、吳小敏譯，《日本最漫長的一天》（新北：八旗文化，二〇一五）。
史景遷（Jonathan Spence）著，朱慶葆、鄭安、李永剛、計秋楓、蔣捷虹譯，《太平天國》（台北：時報文化，二〇一六）。
史景遷（Jonathan Spence）著，陳信宏譯，《胡若望的疑問》（台北：時報文化，二〇一九）。
史蒂芬・普拉特（Stephen R. Platt）著，黃中憲譯，《太平天國之秋》（新北：衛城出版，二〇一三）。
尼爾・弗格森（Niall Ferguson）著，區立遠譯，《第一次世界大戰，一九一四－一九一八 戰爭的悲憐》（新北：廣場出版，二〇一六）。
平野聰著，林琪禎譯，《大清帝國與中華的混迷：現代東亞如何處理內亞帝國的遺產》（新北：八旗文化，二〇一八）。
伊安・摩里士（Ian Morris）著，潘勛、楊明暐、諶悠文、侯秀琴譯，《西方憑什麼：五萬年人類大歷史，破解中國落後之謎》（台北：雅言文化，二〇一五）。
伊恩・布魯瑪（Ian Buruma）著，白舜羽譯，《零年：一六四五年，現代世界的夢想與夢碎之路》（台北：紅桌文化，二〇一七）。
安・希黛兒（Ann Shteir）著，姜虹譯，《花神的女兒：英國植物學文化中的科學與性別（一七六〇－一八六〇）》（成都：四川人民出版社，二〇二一）。
羽田正著，孫若聖譯，《全球化與世界史》（上海：復旦大學出版社，二〇二一）。
羽田正著，張雅婷譯，《從海洋看歷史》（新北：廣場出版，二〇一七）。
余新忠編，《清以來的疾病、醫療和衛生》（北京：生活・讀書・新知三聯書店，二〇〇九）。
克里斯多福・克拉克（Christopher Clark）著，董瑩、肖灕譯，《夢遊者：一九一四年歐洲如何邁向戰爭之路》（台北：時報文化，二〇一五）。
阿爾弗雷德・克羅斯比（Alfred W. Crosby）著，《生態帝國主義：歐洲的生物擴張，九〇〇－一九〇〇》（北京：商務印書館，二〇一七）。
克羅斯比（Alfred W. Crosby）著，鄭明萱譯，《哥倫布大交換：一四九二年以後的生物影響和文化衝擊》（台北：貓頭鷹，二〇一九）。
李尚仁編，《帝國與現代醫學》（新北：聯經，二〇〇八）。
李德哈特（Sir Basil Henry Liddell Hart）著，林光餘譯，《第一次世界大戰戰史》（台北：麥田，二〇一四）。
沈艾娣（Henrietta Harrison）著，趙妍傑譯，《夢醒子：一位華北鄉居者的人生（一八五七－一九四二）》（北京：北京大學出版社，二〇一三）。
亞當・克拉洛（Adam Clulow）著，陳信宏譯，《公司與幕府：荷蘭東印度公司如何融入東亞秩序，台灣如何織入全球的網》（新北：左岸文化，二〇二〇）

孟鍾捷、蘇珊・波普、吳炳守編，《全球化進程中的歷史教育：亞歐教科書敘事特徵比較》（上海：上海三聯書店，二〇一三）。
彼得・柏克（Peter Burke）著，郭書瑄譯，《歷史的目擊者：以圖像作為歷史證據的運用與誤用》（台北：馬可孛羅，二〇二二）。
彼得・英格朗（Peter Englund）著，陳信宏譯，《美麗與哀愁：第一次世界大戰個人史》（新北：衛城出版，二〇一四）。
彼得・柏克（Peter Burke）著，蔡玉輝譯，《什麼是文化史》（北京：北京大學出版社，二〇〇九）。
彼得・懷菲德（Peter Whitfield）著，廖桓偉譯，《大英圖書館海圖全覽：世界應該是什麼樣子？兩百張以上你從沒看過的海圖，這些都是統治地球的說明書》（台北：大是文化，二〇一八）。
芮納・米德（Rana Mitter）著，林添貴譯，《被遺忘的盟友：揭開你所不知道的八年抗戰》（台北：天下文化，二〇二一）。
東尼・賈德（Tony Judt）著，黃中憲譯，《戰後歐洲六十年　一九四五－二〇〇五（全四卷）》（新北：左岸文化，二〇一三）。

哈拉瑞（Yuval Noah Harari）著，林俊宏譯，《人類大歷史：從野獸到扮演上帝》（台北：天下文化，二〇一八）。

William H. McNeill、Robert McNeill 著，張俊盛、林翠芬譯，《文明之網：無國界的人類進化史》（台北：書林，二〇〇七）。

威廉・麥克尼爾（William H. McNeill）著，許可欣譯，《威尼斯共和國的故事：西歐的屏障與文明的門戶》（新北：廣場出版，二〇一二）。

麥克尼爾（William H. McNeill）著，楊玉齡譯，《瘟疫與人：傳染病對人類歷史的衝擊》（台北：天下文化，二〇二〇）。

查爾斯・曼恩（Charles C. Mann）著，黃煜文譯，《一四九三：物種大交換丈量的世界史》（新北：衛城出版，二〇一三）。

柯嬌燕（Pamela Kyle Crossley）著，劉文明譯，《什麼是全球史》（北京：北京大學出版社，二〇〇九）。

柯嬌燕（Pamela Kyle Crossley）著，劉文明譯，《書寫大歷史：閱讀全球的第一堂課》

（新北：廣場出版，二〇一二）。
珍・波本克（Jane Burbank）、弗雷德里克・庫伯（Frederick Cooper）著，馮奕達譯，《帝國何以成為帝國：一部關於權力、差異、與互動的全球政治史》（新北：八旗文化，二〇二〇）。
約翰・托蘭（John Toland）著，吳潤璿譯，《帝國落日：大日本帝國的衰亡，一九三六－一九四五》（新北：八旗文化，二〇一五）。
胡成，《醫療、衛生與世界之中國：跨國和跨文化視野之下的歷史研究》（北京，科學出版社，二〇一三）。
范燕秋，《疾病、醫學與殖民現代性：日治台灣醫學史》（台北：稻鄉出版社，二〇〇五）。
范燕秋編，《多元鑲嵌與創造轉化：臺灣公共衛生百年史》（台北：遠流，二〇一一）。
茉莉・戈波提爾・曼寧（Molly Guptill Manning）著，陳品秀譯，《書本也參戰：看一億四千萬本平裝書如何戰勝炮火，引起世界第一波平民閱讀風潮》（台北：時報文化，二〇一五）。
娜塔莉・澤蒙・戴維斯（Natalie Zemon Davis）著，周兵譯，《行者詭道：一個十六世紀文人的雙重世界》（北京：北京大學出版社，二〇一八）。
宮崎正勝著，蔡蕙光、吳心尹譯，《從空間解讀的世界史：馬、航海、資本、電子資訊的空間革命》（新北：遠足文化，二〇一九）。
格奧爾格・伊格爾斯（Georg G. Iggers）、王晴佳、蘇普里婭・穆赫吉（Supriya Mukherjee）著，王晴佳譯，《全球史學史（第二版）》（北京：北京大學出版社，二〇一九）。
馬克辛・伯格（Maxine Berg）著，孫超譯，《奢侈與逸樂：十八世紀英國的物質世界》（北京：中國工人出版社，二〇一九）。
馬歇爾・哈濟生（Marshall G. S. Hodgson）著，陳立樵等譯，《伊斯蘭文明》（新北：臺灣商務，二〇一六）。
崔斯坦・杭特（Tristram Hunt）著，馮奕達譯，《帝國城市：成就大英帝國的十座殖民城市》（台北：蔚藍文化，二〇一七）。

曹樹基、李玉尚，《鼠疫：戰爭與和平》（濟南：山東畫報出版社，二〇〇六）。
梁其姿著，朱慧穎譯，《痲瘋：一種疾病的醫療社會史》（北京：商務印書館，二〇一三）。
梅爾清（Tobie Meyer-Fong）著，蕭琪、蔡松穎譯，《躁動的亡魂：太平天國戰爭的暴力、失序與死亡》（新北：衛城出版，二〇二〇）。
莉齊・克林漢姆（Lizzie Collingham）著，李燕譯，《飢餓帝國：食物塑造現代世界》（北京：北京聯合出版公司，二〇一八）。
麥葛瑞格（Neil MacGregor）著，劉道捷、拾已安譯，《看得到的世界史》（台北：大是文化，二〇一二）。
傑夫・代爾（Geoff Dyer）著，馮奕達譯，《消失在索穆河的士兵》（台北：麥田，二〇一四）。
喬・古爾迪（Jo Guldi）、大衛・阿米蒂奇（David Armitage）著，孫岳譯，《歷史學宣言》（上海，格致出版社，二〇一七）。
彭慕蘭（Kenneth Pomeranz）、史蒂夫・托皮克（Steven Topik）著，黃中憲譯，《貿易

打造的世界：社會、文化、世界經濟，從一四〇〇年到現在》（台北：如果，二〇一九）。
彭慕蘭（Kenneth Pomeranz）著，黃中憲譯，《大分流：現代世界經濟的形成，中國與歐洲為何走上不同道路？》（新北：衛城出版，二〇一九）。
斯圖亞特・戈登（Stewart Gordon）著，馮奕達譯，《旅人眼中的亞洲千年史》（新北：八旗文化，二〇一六）。
琳達・柯利（Linda Colley）著，馮奕達譯，《她的世界史：跨越邊界的女性，伊莉莎白・馬許與她的十八世紀人生》（新北：衛城出版，二〇二二）。
菲利普・柯丁（Philip Curtin）著，鮑晨譯，《世界歷史上的跨文化貿易》（濟南：山東畫報出版社，二〇〇九）。
費爾南德茲・阿邁斯托（Felipe Fernández-Armesto）著，《世界：一部歷史》（北京：北京大學出版社，二〇一〇）。
雅克・梅耶（Jacques Meyer）著，功頤倩譯，《第一次世界大戰時期士兵的日常生活（一九一四－一九一八）》（上海：上海人民出版社，二〇〇七）。

詹姆士・德爾柏戈（James Delbourgo）著，王品元譯，《蒐藏全世界：史隆先生和大英博物館的誕生》（新北：左岸文化，二〇二一）。

賈德・戴蒙（Jared Diamond）著，王道還、廖月娟譯，《槍炮、病菌與鋼鐵：人類社會的命運》（台北：時報文化，二〇一九）。

瑪雅・加薩諾夫（Maya Jasanoff）著，朱邦芊譯，《帝國的東方歲月（一七五〇－一八五〇）：蒐藏與征服，英法殖民競賽下的印度與埃及》（台北：貓頭鷹，二〇二〇）。

維克托・謝別斯琛（Victor Sebestyen）著，黃中憲譯，《一九四六：形塑現代世界的關鍵年》（台北：馬可孛羅，二〇一六）。

劉易斯（Bernard Lewis）著，李中文譯，《穆斯林發現歐洲》（北京：生活・讀書・新知三聯書店，二〇一三）。

歐陽泰（Tonio Andrade）著，陳信宏譯，《決戰熱蘭遮：中國首次擊敗西方的關鍵戰役》（台北：時報文化，二〇一七）。

歐陽泰（Tonio Andrade）著，陳榮彬譯，《火藥時代：為何中國衰弱而西方崛起？決定中西歷史的一千年》（台北：時報文化，二〇一七）。

潔絲・麥克休（Jess McHugh）著，吳宜蓁譯，《改變世界文化的十三本書：讀什麼決定我們成為誰。這些暢銷書如何改變了我們說話、思考模式、行為舉止甚至成功標準。》（台北：大是文化，二〇二一）。

蔣竹山，《人參帝國：清代人參的生產、消費與醫療》（杭州：浙江大學出版社，二〇一五）。

蔣竹山，《島嶼浮世繪：日治臺灣的大眾生活》（台北：蔚藍文化，二〇二一）。

蔣竹山，《當代史學研究的趨勢、方法與實踐：從新文化史到全球史》（台北：五南，二〇一八修訂版）。

鄭麗玲，《阮ê青春夢：日治時期的摩登新女性》（台北：玉山社，二〇一八）。

戴倫・艾塞默魯（Daron Acemoglu）、詹姆斯・羅賓森（James A. Robinson）著，吳國卿、鄧伯宸譯，《國家為什麼會失敗：權力、富裕與貧困的根源》（新北：衛城出版，二〇一三）。

塞巴斯蒂安・康拉德（Sebastian Conrad）著，馮奕達譯，《全球史的再思考》（新北：

八旗文化，二〇一六）。

韓森（Valerie Hansen）著，洪世民譯，《西元一千年：探險家連結世界，全球化於焉展開》（台北：時報文化，二〇二二）。

韓森（Valerie Hansen）著，許雅惠、吳國聖、李志鴻譯，《絲路新史：一個已經逝去但曾經兼容並蓄的世界》（台北：麥田，二〇二一）。

羅友枝（Evelyn S. Rawski）著，周衛平譯，《最後的皇族：滿洲統治者視角下的清宮廷》（新北：八旗文化，二〇一七）。

羅威廉（William Rowe）著，李仁淵、張遠譯，《中國最後的帝國：大清王朝》（台北：國立臺灣大學出版中心，二〇一六）。

羅茲・墨菲（Rhoads Murphey）著，黃磷譯，《亞洲史》（北京：世界圖書出版公司，二〇一一）。

HISTORY 系列 096

# 行旅者的世界史


| | |
|---|---|
| 作者 | 蔣竹山 |
| 校對 | 馬文穎 |
| 資深編輯 | 張擎 |
| 責任企畫 | 郭靜羽 |
| 封面設計 | 黃子欽 |
| 內頁排版 | 張靜怡 |
| 人文線主編 | 王育涵 |
| 總編輯 | 胡金倫 |
| 董事長 | 趙政岷 |
| 出版者 | 時報文化出版企業股份有限公司<br>108019 臺北市和平西路三段 240 號 7 樓<br>發行專線｜ 02-2306-6842<br>讀者服務專線｜ 0800-231-705 ｜ 02-2304-7103<br>讀者服務傳真｜ 02-2302-7844<br>郵撥｜ 1934-4724 時報文化出版公司<br>信箱｜ 10899 臺北華江橋郵政第 99 信箱 |
| 時報悅讀網 | www.readingtimes.com.tw |
| 人文科學線臉書 | https://www.facebook.com/humanities.science |
| 法律顧問 | 理律法律事務所｜陳長文律師、李念祖律師 |
| 印刷 | 家佑印刷有限公司 |
| 初版一刷 | 2022 年 10 月 7 日 |
| 定價 | 新臺幣 420 元 |




ISBN 978-626-335-715-0 ｜ Printed in Taiwan

時報文化出版公司成立於一九七五年，並於一九九九年股票上櫃公開發行，於二〇〇八年脫離中時集團非屬旺中，以「尊重智慧與創意的文化事業」為信念。

行旅者的世界史／蔣竹山著．｜ -- 初版．-- 臺北市：時報文化出版企業股份有限公司，2022.10
312 面；14.8×21 公分．｜ ISBN 978-626-335-715-0（平裝）
1. CST：史學史 2. CST：文化史 3. CST：世界史｜ 601.9 ｜ 111010896